"高质量发展建设共同富裕示范区"系列丛书

五力祐老

共同富裕下的新式养老

邢以群 等——著

ZHEJIANG UNIVERSITY PRESS
浙江大学出版社
·杭州·

图书在版编目（CIP）数据

五力祐老：共同富裕下的新式养老/邢以群等著.
--杭州：浙江大学出版社，2025.4
ISBN 978-7-308-24948-5

Ⅰ.①五… Ⅱ.①邢… Ⅲ.①养老－服务业－产业发
展－研究－中国 Ⅳ.①F726.99

中国国家版本馆 CIP 数据核字（2024）第 094115 号

五力祐老：共同富裕下的新式养老
WU LI YOU LAO：GONGTONG FUYU XIA DE XINSHI YANGLAO
邢以群 等著

策划编辑	张　琛　吴伟伟　陈佩钰
责任编辑	陈佩钰（yukin_chen@zju.edu.cn）
责任校对	葛　超
封面设计	雷建军
出版发行	浙江大学出版社
	（杭州市天目山路 148 号　邮政编码 310007）
	（网址：http://www.zjupress.com）
排　　版	浙江大千时代文化传媒有限公司
印　　刷	杭州宏雅印刷有限公司
开　　本	710mm×1000mm　1/16
印　　张	16
字　　数	183 千
版 印 次	2025 年 4 月第 1 版　2025 年 4 月第 1 次印刷
书　　号	ISBN 978-7-308-24948-5
定　　价	88.00 元

丛书专家委员会

主　任　任少波

成　员　朱卫江　郭华巍　盛世豪　魏　江

浙江文化研究工程成果文库总序

　　有人将文化比作一条来自老祖宗而又流向未来的河,这是说文化的传统,通过纵向传承和横向传递,生生不息地影响和引领着人们的生存与发展;有人说文化是人类的思想、智慧、信仰、情感和生活的载体、方式和方法,这是将文化作为人们代代相传的生活方式的整体。我们说,文化为群体生活提供规范、方式与环境,文化通过传承为社会进步发挥基础作用,文化会促进或制约经济乃至整个社会的发展。文化的力量,已经深深熔铸在民族的生命力、创造力和凝聚力之中。

　　在人类文化演化的进程中,各种文化都在其内部生成众多的元素、层次与类型,由此决定了文化的多样性与复杂性。

　　中国文化的博大精深,来源于其内部生成的多姿多彩;中国文化的历久弥新,取决于其变迁过程中各种元素、层次、类型在内容和结构上通过碰撞、解构、融合而产生的革故鼎新的强大动力。

　　中国土地广袤、疆域辽阔,不同区域间因自然环境、经济环境、社会环境等诸多方面的差异,建构了不同的区域文化。区域文化如同百川归海,共同汇聚成中国文化的大传统,这种大传统如同春风化雨,渗透于各种区域文化之中。在这个过程中,区域文化如同清溪山泉潺潺不息,在中国文化的共同价值取向下,以自己的独特个性支撑着、引领着本地经济社会的发展。

　　从区域文化入手,对一地文化的历史与现状展开全面、系统、扎实、有序的研究，一方面，可以藉此梳理和弘扬当地的历史传统和文化资源，繁荣和丰富当代的先进文化建设活动，规划和指导未来的文化发展蓝图，增强文化软实力，为全面建设小康社会、加快推进社会主义现代化提供思想保证、精神动力、智力支持和舆论力量；另一方面，这也是深入了解中国文化、研究中国文化、发展中国文化、创新中国文化的重要途径之一。如今，区域文化研究日益受到各地重视，成为我国文化研究走向深入的一个重要标志。我们今天实施浙江文化研究工程，其目的和意义也在于此。

千百年来，浙江人民积淀和传承了一个底蕴深厚的文化传统。这种文化传统的独特性，正在于它令人惊叹的富于创造力的智慧和力量。

浙江文化中富于创造力的基因，早早地出现在其历史的源头。在浙江新石器时代最为著名的跨湖桥、河姆渡、马家浜和良渚的考古文化中，浙江先民们都以不同凡响的作为，在中华民族的文明之源留下了创造和进步的印记。

浙江人民在与时俱进的历史轨迹上一路走来，秉承富于创造力的文化传统，这深深地融汇在一代代浙江人民的血液中，体现在浙江人民的行为上，也在浙江历史上众多杰出人物身上得到充分展示。从大禹的因势利导、敬业治水，到勾践的卧薪尝胆、励精图治；从钱氏的保境安民、纳土归宋，到胡则的为官一任、造福一方；从岳飞、于谦的精忠报国、清白一生，到方孝孺、张苍水的刚正不阿、以身殉国；从沈括的博学多识、精研深究，到竺可桢的科学救国、求是一生；无论是陈亮、叶适的经世致用，还是黄宗羲的工商皆本；无论是王充、王阳明的批判、自觉，还是龚自珍、蔡元培的开明、开放，等等，都展示了浙江深厚的文化底蕴，凝聚了浙江人民求真务实的创造精神。

代代相传的文化创造的作为和精神,从观念、态度、行为方式和价值取向上,孕育、形成和发展了渊源有自的浙江地域文化传统和与时俱进的浙江文化精神,她滋育着浙江的生命力、催生着浙江的凝聚力、激发着浙江的创造力、培植着浙江的竞争力,激励着浙江人民永不自满、永不停息,在各个不同的历史时期不断地超越自我、创业奋进。

悠久深厚、意韵丰富的浙江文化传统,是历史赐予我们的宝贵财富,也是我们开拓未来的丰富资源和不竭动力。党的十六大以来推进浙江新发展的实践,使我们越来越深刻地认识到,与国家实施改革开放大政方针相伴随的浙江经济社会持续快速健康发展的深层原因,就在于浙江深厚的文化底蕴和文化传统与当今时代精神的有机结合,就在于发展先进生产力与发展先进文化的有机结合。今后一个时期浙江能否在全面建设小康社会、加快社会主义现代化建设进程中继续走在前列,很大程度上取决于我们对文化力量的深刻认识、对发展先进文化的高度自觉和对加快建设文化大省的工作力度。我们应该看到,文化的力量最终可以转化为物质的力量,文化的软实力最终可以转化为经济的硬实力。文化要素是综合竞争力的核心要素,文化资源是经济社会发展的重要资源,文化素质是领导者和劳动者的首要素质。因此,研究浙江文化的历史与现状,增强文化软实力,为浙江的现代化建设服务,是浙江人民的共同事业,也是浙江各级党委、政府的重要使命和责任。

2005 年 7 月召开的中共浙江省委十一届八次全会,作出《关于加快建设文化大省的决定》,提出要从增强先进文化凝聚力、解放和发展生产力、增强社会公共服务能力入手,大力实施文明素质工程、文化精品工程、文化研究工程、文化保护工程、文化产业促进工程、文化阵地工程、文化传播工程、文化人才工程等"八项工程"，实施科教兴国和人才强国战略，加快建设教育、科技、卫生、体育等"四个强省"。作为文化建设"八项工程"之一的文化研究工程，其任务就是系统研究浙江文化的历史成就和当代发展，深入挖掘浙江文化底蕴、研究浙江现象、总结浙江经验、指导浙江未来的发展。

浙江文化研究工程将重点研究"今、古、人、文"四个方面，即围绕浙江当代发展问题研究、浙江历史文化专题研究、浙江名人研究、浙江历史文献整理四大板块，开展系统研究，出版系列丛书。在研究内容上，深入挖掘浙江文化底蕴，系统梳理和分析浙江历史文化的内部结构、变化规律和地域特色，坚持和发展浙江精神；研究浙江文化与其他地域文化的异同，厘清浙江文化在中国文化中的地位和相互影响的关系；围绕浙江生动的当代实践，深入解读浙江现象，总结浙江经验，指导浙江发展。在研究力量上，通过课题组织、出版资助、重点研究基地建设、加强省内外大院名校合作、整合各地各部门力量等途径，形成上下联动、学界互动的整体合力。在成果运用上，注重研究成果的学术价值和应用价值，充分发挥其认识世界、传承文明、创新理论、咨政育人、服务社会的重要作用。

我们希望通过实施浙江文化研究工程，努力用浙江历史教育浙江人民、用浙江文化熏陶浙江人民、用浙江精神鼓舞浙江人民、用浙江经验引领浙江人民，进一步激发浙江人民的无穷智慧和伟大创造能力，推动浙江实现又快又好发展。

今天，我们踏着来自历史的河流，受着一方百姓的期许，理应负起使命，至诚奉献，让我们的文化绵延不绝，让我们的创造生生不息。

2006 年 5 月 30 日于杭州

总　序

　　本丛书源于党的十九届五中全会的报告。报告明确提出，到 2035 年基本实现社会主义现代化远景目标，并首次提出"全体人民共同富裕取得更为明显的实质性进展"。随后，2021 年 6 月 10 日，《中共中央 国务院关于支持浙江高质量发展建设共同富裕示范区的意见》发布，浙江省被赋予高质量发展建设共同富裕示范区的光荣使命。我作为浙江省政协智库专家、浙江省特色智库的负责人，参与了关于支持浙江省高质量发展建设共同富裕示范区的研究工作，在讨论过程中意识到社会对如何实现共同富裕有一些不正确的认识，比如，有人认为共同富裕就是"杀富济贫"，就是"平均主义"。我在 2021 年 6 月就发表了自己的鲜明观点，"共同富裕必须建立在财富创造的基础上，而不是在财富分配的基础上"。

　　为了积极响应党和国家提出的"共同富裕"这一重大命题，引导整个社会正确认识"共同富裕"，管理学者应该要向社会传递正确的认识，应该以管理理论视野去提出思路，应该扎根浙江探索面向共同富裕的管理理论。于是，2017 年在学校统战部领导下，浙江大学管理学院召集学院民主党派、无党派人士代表召开了"共同富裕示范区"建设研讨会，会后，管理学院设立了"共同富裕"专项系列研究课题，集结全院优秀师资，从管理学的多角度总结浙江经验，分析问题挑战，凝练理论逻辑，以期为浙江省高质量发展建设共同富裕示范区贡献浙大智慧。

共同富裕是社会主义的本质要求，是人民群众的共同期盼。在高质量发展中扎实推动共同富裕需要理论创新、实践创新、制度创新、文化创新。管理学院"共同富裕"专项研究预研课题正是基于"国家所需、浙江所能、群众所盼、未来所向"的原则，扎实依托管理学理论基础，充分调研浙江省基层实践经验，深度参与体制机制和政策框架建设，全面探究浙江省域文化创新，期望为实现共同富裕提供理论思路和浙江示范。

锲而不舍，终得收获。经过一年多的努力，"共同富裕"系列丛书终得面世。本套丛书遵循"创造财富—分配效益—共同富裕"的逻辑，结合浙江大学管理学院的学科特色优势，从创新、创业、数字化改革、文旅产业、数智医疗、新式养老、社会责任等方面总结浙江在探索"共同富裕"道路上的有效做法及其背后的管理理论。这些出版的专著包括《社会创业：共同富裕的基础力量》《优质共享：数智医疗与共同富裕》《成人达己：社会责任助力共同富裕》《五力祐老：共同富裕下的新式养老》《创新驱动：实现共同富裕的必由之路》《数智创富：数字化改革推进共同富裕》《美美与共：文旅产业赋能浙江乡村蝶变》七本著作（见图0-1），这些专著背后的理论根基恰好是我们的学科优势，比如，全国领先的创新管理和创业管理学科，文旅产业、养老产业等特色领域，以及数智创新与管理交叉学科。

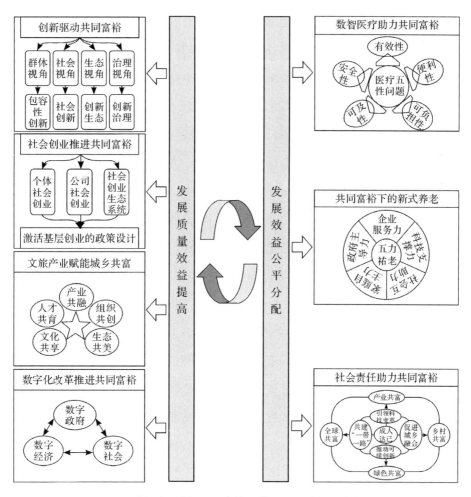

图 0-1　"高质量建设共同富裕示范区"系列研究总体框架

　　本丛书是中国统一战线理论研究会非公有制经济人士统战工作理论浙江研究基地（以下简称基地）的成果。该基地由中共中央统战部批准，受中国统一战线理论研究会领导，由浙江省委统战部、浙江大学党委统战部和浙江大学管理学院联合组建。基地发挥浙江大学管理学院在非公有制经济和非公有制经济人士研究的学科优势和浙江省非公经济发展的区位优势，聚焦促进非公有制经济健康发展和非公有制经济人士健康成长，开展科学研究、人才培养和政策研究，是新时代的新型高校智库。丛书的高质量、高效率完成和出版，要特别感谢浙江大学党委书记任少波教授的鼓励和支持，他亲自担任该丛书的专家委员会主任，指导我们的研究工作；要特别感谢浙江省社科联党组书记郭华巍，浙江省社科联主席盛世豪，浙江省委副秘书长、政策研究室主任朱卫江，浙江大学副校长黄先海等专家的指导和评审；要特别感谢谢小云、黄灿、刘渊、邢以群、应天煜、莫申江、沈睿、刘玉坤等作者的辛苦付出；还要特别感谢朱原、杨翼、蒋帆、刘洋、张冠宇等在项目推进中的大量协调和联络工作。此外，要特别感谢浙江省人大常委会代表工作委员会副主任谢利根和浙江省社科联规划处副处长黄获先生的大力支持，使得本丛书获得"浙江文化研究工程"立项。

丛书初稿完成时，正值党的二十大胜利闭幕，党的二十大报告强调"全体人民共同富裕的现代化"是中国式现代化的一个重要内涵。因此，本套丛书的出版也是学习贯彻落实党的二十大精神的成果。苟日新，日日新，又日新。共同富裕是中国特色社会主义的本质要求，也是一个长期的历史过程。让我们一起坚定信心、同心同德，埋头苦干、奋勇前进，美好生活图景正在更广阔的时空尽情铺展。

魏　江

2025 年春于紫金港

前　言

　　"十四五"及未来十五年,是我国全面建成小康社会、实现第一个百年奋斗目标之后,乘势而上,开启全面建设社会主义现代化国家新征程、向第二个百年奋斗目标进军的时期。增进民生福祉、改善生活品质、走向共同富裕,已日益成为国家发展的基本价值取向,推进共同富裕成了我国新发展阶段的中心议题之一。

　　共同富裕是全民共富。全面建成小康社会,一个也不能少;共同富裕路上,一个也不能掉队。共同富裕不是一部分人和一部分地区的富裕,是要满足最广大人民群众对美好生活的追求,使全体人民共享改革发展成果。"家家有老、人人会老",让老年人拥有一个幸福的晚年,是共同富裕的应有之义,老年人的获得感、幸福感、安全感,直接体现着共同富裕建设的成色。

　　第七次全国人口普查数据显示,截至 2020 年,我国 60 岁及以上人口为 2.64 亿,占比 18.7%。据国家卫健委有关负责人在 2021 年 5 月 31 日答记者问,预计"十四五"末期,我国 60 岁以上老年人占比将超过 20%,在 2035 年前后占比将超过 30%;中国老龄协会通过研究认为,到 2050 年前后,我国 60 岁以上老年人口数将达到峰值 4.87 亿,占总人口的 34.9%。

根据联合国常用的人口老龄化划分标准（60 岁以上人口占比 10% 以上为轻度老龄化，20% 以上为中度老龄化，30% 以上为深度老龄化），我国将在"十四五"期间进入中度老龄化阶段，2035 年前后进入深度老龄化阶段。人口老龄化和高龄化的加速演进，将成为我国在向共同富裕目标迈进的新征程中，必须面对的社会突出现象之一。

中国在 2000 年进入人口老龄化社会时，人均 GDP 约为 959 美元，而同处于相似老龄化水平的日本、澳大利亚等国家，当时其人均 GDP 均已超过 1 万美元，与中国同期进入老龄化社会的新加坡，更是达到了 2.4 万美元。2020 年，中国的人均 GDP 已有 10504 美元，但美日韩等国达到中国相似老龄化比例时的人均 GDP 都在 2.4 万美元之上，远高于中国当时 1 万美元的水平。老龄化水平相似而人均收入水平差距较大，中国相对于发达国家而言，存在较明显的"未富先老"状况。

党和国家高度重视老龄事业和养老服务体系发展。在党和国家重大规划和政策意见引领下，我国老龄事业发展和养老服务体系建设取得了长足进步。一是老龄政策法规体系不断完备。涉老相关法律法规、规章制度和政策措施不断完善，老年人权益保障机制、优待政策等不断细化，养老服务体系建设、运营、发展的标准和监管制度逐步健全。二是多元社会保障不断加强。2020 年全国参加基本养老保险人数为 99865 万人，参加全国基本医疗保险（以下简称基本医保）人数为 136131 万人，基本医保参保率稳定在 95% 以上。三是养老服务体系不断完善。截至 2020 年年底，全国共有各类养老机构和设施 32.9 万个，养老床位合计 821.0 万张，每千名老年人拥有养老床位 31.1 张。其中，注册登记的养老机构 3.8 万个，床位 488.2 万张；社区养老照料机构和设施 29.1 万个（其中，社区互助型养老设施 14.7 万个),社区养老服务床位 332.8 万张。各级政府持续推进公办养老机构建设,加强特困人员养老保障,对经济困难的高龄、失能(含失智,下同)老年人给予补贴,全国共有 3853.7 万名老年人享受老年人补贴,其中享受高龄补贴的老年人 3104.4 万人,享受养老服务补贴的老年人 535.0 万人,享受护理补贴的老年人 81.3 万人,享受综合老龄补贴的老年人 132.9 万人,2020 年全国共支出老年人福利经费 517 亿元。四是健康支撑体系不断健全。2020 年人均预期寿命提高至 77.9 岁,更多的 65 岁及以上老年人在基层医疗卫生机构免费获得健康管理服务;医养结合服务有序发展,2020 年全国两证齐全(具备医疗卫生机构资质,并进行养老机构备案)的医养结合机构 5857 家,床位数达到 158 万张[①]。五是老龄事业和产业加快发展。老年教育机构持续增加,更多老年人积极参与社区治理、文教卫生等活动,老年用品制造业和服务业加快转型升级,教育培训、文化娱乐、健康养生、旅居养老等融合发展的新业态不断涌现。

但同时也要看到,受限于经济能力,老龄事业和养老服务还存在发展不平衡不充分等问题,主要体现在养老保障水平不高(城乡居民基本养老保险月人均待遇水平仅约 170 元,城市最低生活保障平均标准为每人每月 677.6 元,农村平均标准为每人每年 5962.3 元),老龄化程度更高的农村的养老服务水平不高,适合普通老百姓的居家社区养老和优质普惠服务供给不足,为老服务专业人才特别是护理人员短缺,科技创新和产品支撑有待加强,老龄产业尚需振兴等方面。加上我国老年人口规模大、老龄化速度快,随着富裕程度的提高,老年人的需求结构正在从生存型向发展

---

① 本部分数据引自 2021 年 10 月国家卫健委老龄健康司发布的《2020 年度国家老龄事业发展公报》。

型转变。怎样对待老人，是一个社会文明程度的指标；是否尊重老人，是一个民族道德水准的衡量尺；老年人生活得幸不幸福，也是一个国家国民幸福水平的重要反映①。因此，在推进共同富裕的道路上，必须继续着力建设与人口老龄化进程相适应的老龄事业和养老服务体系。

实现养老服务高质量发展，是一项长期、艰巨、复杂的任务。根据国务院制订的《"十四五"国家老龄事业发展和养老服务体系规划》，我们需要"坚持党委领导、政府主导、社会参与、全民行动，实施积极应对人口老龄化国家战略，以加快完善社会保障、养老服务、健康支撑体系为重点，把积极老龄观、健康老龄化理念融入经济社会发展全过程，尽力而为、量力而行，深化改革、综合施策，加大制度创新、政策供给、财政投入力度，推动老龄事业和产业协同发展"，才能在老有所养、老有所医、老有所为、老有所学、老有所乐上不断取得新进展，让老年人共享改革发展成果、安享幸福晚年。

在未富先老时，我们只能以家庭养老为主，辅之以政府兜底养老和社会市场化养老服务，通过家庭自身的努力、国家养老和医疗保障体系的建立、社会市场化养老服务的发展，实现"老有所养"。在未来边富边老的过程中，我们可以创新性地通过国家提高全民养老基本保障水平，民众自立自强树立积极老龄化观念、企业大力发展老龄产业、全社会致力于构建老龄友好型社会，并充分发挥科学技术的力量，共同致力于"幸福颐养"，让每一个老人都拥有一个福寿安康、更加幸福的晚年。

本书根据上述指导思想，以共同富裕为背景，基于对老年人及其需求

---

① 王学江. 让亿万老年人安享幸福晚年［EB/OL］. (2021-10-18)［2022-03-21］https://baijiahao. baidu. com/s? id = 1713653417288054596&wfr = spider&for = pc.

新特点的描述(第一章),结合对共同富裕与养老服务之间关系的分析(第二章与第三章),着力探讨如何通过强化政府主导力、唤醒家庭自主力、优化企业服务力、壮大社会互助力、激活科技支撑力(第四至八章),五力相辅相成,共同推进老龄友好社会和多元化优质养老服务体系建设,护祐老年人安享晚年。

本书在浙江大学管理学院的支持下,由浙江大学管理学院老龄化及养老产业研究中心和浙江大学健康产业创新研究中心共同完成。初稿分别由两个研究中心的专职研究人员何洁(前三章)、岑芸(第四章)、董建坤(第五章、第七章)、俞舒敏(第六章)、李婧薇(第八章)撰写,研究中心的张大亮教授、刘景江副教授、黄浏英副教授、吕佳颖教授等多次参与了写作提纲的讨论,并对部分章节初稿进行了修改,邢以群教授撰写了最初的提纲、确定了最终的提纲、组织了初稿的撰写和讨论,并对初稿进行了多次详细的修改,最后形成了定稿。

本书是浙江大学管理学院共同富裕主题系列丛书之一,得到了浙江大学管理学院经费支持和学院组织的多次专家讨论会的指点,同时也得到了从事新式养老业务的松下家电(中国)有限公司和广宇安诺实业有限公司的大力支持。在此一并表示感谢。

目　录

第一章　共同富裕下的养老

一、养老模式与养老服务 ／ 1

二、不同人群的养老需求特点 ／ 12

三、共富彰显养老新特点 ／ 29

第二章　共同富裕推动幸福养老

一、共富带来养老事业新机遇 ／ 47

二、共富打开养老产业新空间 ／ 56

三、共富树立敬老孝老新风貌 ／ 63

第三章　新式养老促进共同富裕

一、共同富裕下的新式养老 ／ 69

二、新式养老促进物质共富 ／ 73

三、新式养老促进精神富有 ／ 79

第四章　强化政府主导力　引领发展

一、统筹规划　科学布局　/ 86

二、完善保障　解除忧虑　/ 98

三、优化环境　扩大服务　/ 108

四、深化管理　提升品质　/ 113

第五章　唤醒家庭自主力　自强自立

一、未雨绸缪　全程准备　/ 119

二、老当益壮　凸显价值　/ 126

三、量力而行　多元享老　/ 133

四、敬老孝老　传承光大　/ 136

第六章　发展企业服务力　共创共享

一、需求导向　功能互补　/ 143

二、多元服务　更好照护　/ 154

三、资源共享　联合经营　/ 163

四、强基补链　业态融合　/ 173

第七章　壮大社会互助力　填漏补缺

一、搭建平台　整合资源　/ 180

二、优化机制　促进互信　/ 186

三、志愿服务　助老成己　/ 190

四、开源引流　慈善助力　/ 196

第八章　激活科技支撑力　助推享老

一、科普知识　促进健康 ／ 204

二、生命科学　减轻病痛 ／ 213

三、科技辅具　省心省力 ／ 220

四、数据互联　智慧助老 ／ 227

第一章

共同富裕下的养老

伴随着国家战略的调整和生育政策的全面放开、国家经济社会发展进入新的历史发展阶段,以及民众收入水平的逐步提升、医疗健康科技的不断进步,影响老年人养老需求、养老方式、养老观念的内部因素和外部环境正在发生深刻变化。养老问题已成为目前中国老百姓最关心的烦心事、操心事、揪心事之一。"谁来养""去哪养""怎么养""需要多少钱"等养老问题,日益受到人民群众和党与政府的深度关切。

一、养老模式与养老服务

养老模式,是指养老保障的方式,主要回答"由谁"在"哪里"以"怎样的方式"提供养老服务。养老服务是指养老服务主体为老年人提供的满足其物质和精神生活需要的各式服务,主要着重于回答"以怎样的模式"为老年人"提供怎样的服务"。

（一）谁来养：养老服务主体

养老模式按养老服务主体划分，可分为三种：家庭养老模式、政府养老模式和社会化养老模式。

一直以来，中国人延续的是家庭养老模式。所谓家庭养老是指以家庭子女等为供应主体，从经济、物质和精神层面，负担供养父母或家中长辈老年生活的养老方式，它是人类社会传承千年的最基本的养老模式，在中国人的传统文化习惯中，一直以来主张的就是家庭养老。在我国传统文化中，父母和子女一起生活，在家庭中可形成互助互惠的生活格局，老年人可以为子女贡献他们充足的时间以及丰富的人生阅历，同时获得充分的家庭温暖和家庭照料。过往高生育率条件下的多子女状况，确保了家庭养老的传统得以延续。在当今社会很多地方，对于绝大多数家庭而言，家庭养老仍旧占据着主导地位。

随着社会生产方式改变，以及"老龄化""少子化""空巢化"并存的社会现状，家庭养老这种养老模式面临着越来越多的挑战。首先，财力不足。由于实行独生子女政策，原先可以由多个子女共同承担的老人赡养义务，变为道德和法律上只有一对青年夫妇承担，尤其是在"4＋2＋1"家庭模式下，一对夫妇可能上要赡养4个老年人，下要养育孩子，还要做好自己养老的储备，如果完全依靠家庭养老，在社会保障水平还不高的情况下，将会导致很多家庭在经济上不堪重负。其次，精力不足。家庭规模的小型化，直接削弱了子女对老年人的照料能力，面对工作竞争压力不断增大的现代社会，子女在照顾老年人方面往往感到力不从心。最后，能力不足。随着经济发展和医疗进步，老年人寿命不断延长，而伴随着老年人年龄的增长,生活自理能力会越来越差、老年痴呆症的发病率会成倍提高,这就意味着将来老年人所需要的照护要求,呈大幅增长趋势,而失能失智所需要的专业照护能力,往往又是家庭成员所缺乏的。

政府养老模式,是指由政府相关部门,以政府法律法规、制度政策为依据建立起来的,为符合条件的老年人提供基本养老服务的模式。这种模式最初是在新中国成立后,政府为解决孤寡无子老人的晚年基本生活保障问题而推出的。政府通过出资举办敬老院、福利院等方式,为无劳动能力、无生活来源、无法定赡养人和抚养人的城镇"三无"老年人,提供集中供养服务;对于农村中缺乏劳动能力或者完全丧失劳动能力,生活没有依靠的老、弱、孤、寡、残疾的老年人以及"军烈属"等,则实施"五保供养"(保吃、保穿、保医、保住、保葬)。这种模式的特点是由政府出钱,为特殊老年人提供兜底性养老服务,具有救济性和福利性。改革开放后,为保障公民年老时的基本生活,政府提供的基本养老服务内容和对象进一步扩大。我国通过探索构建社会保障体系,包括社会保险(社会基本养老保险和基本医疗保险)、社会福利(方便老人的公共设施和服务)和社会救济(提供给贫困老年人口的补助),政府提供的基本养老服务对象从老年弱势群体,逐步覆盖到社会普通老年群众。随着国家经济实力的增强,其服务内容也由面向特殊群体的基本生活保障,发展为面向全体老年人的涉及生活照料、医疗护理、紧急救援、文体娱乐、精神慰藉、健康管理、康复辅助等多方面的服务。

尽管我国 2020 年人均 GDP 已经超过 1 万美元,但政府的财政支撑能力仍然非常有限。即使在将来,政府也不太可能对全民养老"大包大揽"。在财力有限的情况下,"大包大揽"不仅会压缩基本养老服务范围,降低养老服务水平，还可能引起不必要的资源浪费；同时，老年人的需求多样，有限的政府能力和政府资源，也难以满足老年人多样化的养老需要，"大包大揽"会导致服务均等化，在给政府带来巨大的财政压力的同时，不利于多样化的养老需求的满足，从而影响老年人晚年幸福感受。

社会化养老模式，是指在家庭成员承担赡养扶养义务的基础上，由社会组织的公益性和互助性服务、企业的市场化服务共同组成的老年人养老服务模式。民政部在1984年明确提出了"社会福利社会办"的指导思想，对公办养老机构的经营和管理逐步实行"公建民营"改革，走向了面向社会化的开放之路。2000年，基于家庭养老的困境，政府发布《关于加快实现社会福利社会化的意见》，开始推动社会化养老，将其作为政府养老和家庭养老的补充。社会化养老能够充分发挥社会和市场的力量，为老年人及其家庭提供形式多样、内容丰富的养老服务，可以缓解家庭养老专业照护能力不足和精力不足的压力，也可与政府养老形成明显的互补，更好地满足老年人多样化、个性化的养老服务需求。

然而就目前而言，由于社会化养老是一项新兴事物，现有老年人的养老观念多数还停留在子女养老上，不愿意去养老院养老；不少老人勤俭节约惯了，加上家庭还不富裕，所以购买力不足或舍不得消费；养老床位空置率居高不下、周围社区辐射率低、护理人员短缺等，也制约着社会化养老模式的发展。虽然很多人认为养老服务行业有着巨大的发展潜力，但由于投资回报周期长，进入这一领域的民间资金还不是很多，即使有，也将眼光投向了更能赢利的面向少数人的高端养老服务市场，普惠性不是很强。

（二）在哪养：养老场所

2011年2月，民政部发布了《社会养老服务体系建设"十二五"规划》,首次提出"9073"养老模式:90%的老年人在社会化服务协助下通过家庭照护养老,7%的老年人通过购买社区照顾服务养老,3%的老年人入住养老服务机构集中养老。由此确立了以"居家养老为基础,社区养老为依托,机构养老为支撑"的养老服务体系基本框架。

三类养老模式的特点参见表1-1。

表1-1 居家养老、机构养老、社区居家养老对比

	居家养老	机构养老	社区居家养老
责任主体	家庭	政府、企业、社会	家庭、政府、企业、社会
资金来源	家庭成员或个人以及政府补贴,自理为主	家庭成员或个人以及政府补贴,自理为主	家庭成员或个人,以及政府补贴,自理为主
照护人员	家人或护理员	机构服务人员	家人、机构服务人员、社区志愿者
优势	熟悉的生活圈,自由度高,隐私受到保护,养老成本根据个人情况,可高可低	专人照料,安全系数较高	既可以住在家里得到家人照顾,又可以由社区有关服务机构和人士提供上门服务或托老服务,便利性较强
劣势	紧急求助不及时;健康管理不到位;照料不专业	专业护理员短缺,服务质量不一;生活自由度不高;费用较高	家庭以外的配套及相关服务受限于服务规模较小且不完善;受家人精力和能力限制
适合人群	基本能自理的活力老人	收入较高的自理老人、需专人照料的老人	基本能自理的空巢独居老人、与家人同住的部分失能老人

居家养老模式是以家庭为主,在一定程度上依托社区和社会力量,为居家老年人提供生活照料、家政服务、康复护理和精神慰藉等方面服务的一种服务形式。居家养老植根于传统的家庭养老模式,符合中国人家族聚居的文化观念,能够较好地满足老年人与子女同乐的需求,并让老年人

能够在比较熟悉温馨的环境中养老。居家养老包括与子女共同居住和老人单独居住两种情况①。与子女共同居住的老年人,由子女负责为其提供经济援助和精神慰藉,有利于老年人的心理和精神健康,社会化居家养老服务则主要为其提供必要的生活照料和专业的护理照护服务。单独居住的老年人尽管和子女处于一种"分而不离"的状态,但因其与子女不居住在一起,所以平时的生活照料和精神慰藉,通常以自理或子女的阶段性照料或社会化服务解决。

社区养老模式,是指依托社区公共资源和服务设施或引入专业养老机构,为生活在社区里的老年人提供家庭养老与社区日间照料相结合的日托式养老服务。对生活自理能力相对较弱或子女不在身边的老年人来说,社区养老是居家养老的有力补充。一方面,社区养老满足了需要日间照料的老年人的服务要求,有效缓解了家庭在日间无人或无力照顾部分失能或失能老年人的难题。这种模式相比于机构养老,可以降低入住养老机构的经济压力,增加老年人家庭团聚和情感交流的归属感。另一方面,社区配套的养老设施,可以为居家养老的老年人和能自理的老人提供社交、助餐、助浴、家政、医疗护理、中介等服务,使老年人能够就近方便地获得所需要的各种服务。

机构养老模式,是指老年人离开原有居所,集中居住在专门为老年人提供综合性服务的养老机构中享受养老服务的养老模式。养老机构是指由国家、集体、企事业单位或者个人兴办的各类养老服务机构,主要包括社会福利院、敬老院、老年公寓、养老院、老年康复机构、护理院等②。社会

---

① 左美云,张弛.养老模式分类的全景图:一个房车模型[J].中国老年学杂志,2015,35(4).
② 左美云,张弛.养老模式分类的全景图:一个房车模型[J].中国老年学杂志,2015,35(4).

福利院和敬老院是我国传统的养老机构,一般由政府开办或政府与集体合办,是为特殊老年群体提供基本养老服务的社会福利机构;老年公寓是专门为老年人建造的生活设施齐全、公用设施配套完善、可供老年人长期居住的养老机构,服务面向社会上的老年人,老年公寓分集体办的非营利性和企业办的营利性的两类,并以各种不同的档次,来满足不同收入的老年人入住需要;老年康复机构、护理院多属于医养结合的养老机构,此类机构主要面向患有慢性疾病且长期需要获得医疗服务的老年人。

(三)养老服务内容

按照马斯洛的需要层次理论,通常而言,老年人所需要的服务包括:

生活照料服务:个人卫生护理、生活起居护理、协助买菜、代购商品、代办事务、送餐助餐、家政保洁、助行服务等。

健康管理服务:科普宣教、饮食指导、锻炼指导、定期体检、康复护理、心理咨询等。

医疗服务:建立健康档案、上门看病、陪同就医、治疗陪护、药物配送、帮助按医嘱服药、应急护理等服务。

临终关怀服务:姑息服务、舒缓服务、风险干预、尊严维护、营养支持、善终服务等。

安全保障服务:安全检查、适老改造、辅具选配、辅具使用培训、安全监控、紧急救助等服务。

文化娱乐服务:组织团体性活动或个性活动,如老年俱乐部、老年体操、棋类活动、书法绘画、图书阅览等。

中介和金融服务:医疗、婚姻、旅游等中介服务,老年教育培训、人力资源中介服务等，金融产品介绍、理财服务。

维权保障服务：法律援助，政策宣讲服务，维护老年人赡养、财产、婚姻等合法权利的服务等。

（四）养老服务层次

根据养老服务需求能够得以满足的程度，可以相应地划分出四个不同的养老服务层次。

1.生存型：兜底性养老服务

所谓生存型养老服务，是指致力于保障老年人最基本生活需求的养老服务。在我国，通常是由政府以公办养老服务机构集中供养或出资购买社会基本养老服务的方式，以最贫弱的老年群体以及特殊困难的老年人为对象，以保障老年人基本生活和基本人权为目标，来提供相应的兜底保障服务，具有典型的福利性和兜底性。生存型养老服务的资金，主要来源于国家财政拨款。有关发展生存型养老服务的相关政策如表1-2所示。

表1-2　有关发展生存型养老服务政策梳理

政策文件名称	主要内容
《关于加快发展养老服务业的若干意见》（国发〔2013〕35号）	以政府为主导，发挥社会力量作用，着力保障特殊困难老年人的养老服务需求
《关于印发"十三五"国家老龄事业发展和养老体系建设规划的通知》（国发〔2017〕13号）	公办养老机构优先保障特困供养人员集中供养需求和其他经济困难的孤寡、失能、高龄等老年人的服务需求
《深度贫困地区特困人员供养服务设施（敬老院）建设改造行动计划》（民发〔2018〕127号）	到2022年底前，基本形成县、乡供养服务设施相衔接、布局科学、配置均衡、服务完善的农村养老服务兜底保障网络

续表

政策文件名称	主要内容
《关于推进养老服务发展的意见》(国办发〔2019〕5号)	充分发挥公办养老机构及公建民营养老机构兜底保障作用,重点为经济困难失能失智老年人、计划生育特殊家庭老年人提供无偿或低收费托养服务
《关于改革完善社会救助制度的意见》(中办发〔2020〕18号)	打造多层次救助体系。对无劳动能力、无生活来源、无法定赡养抚养扶养义务人或者其法定义务人无履行义务能力的城乡老年人、残疾人、未成年人,给予特困人员救助供养
《"十四五"民政事业发展规划》(民发〔2021〕51号)	做好城乡特困人员集中供养工作,提升特困人员供养服务设施(敬老院)集中供养和失能照护能力
《"十四五"积极应对人口老龄化工程和托育建设实施方案》(发改社会〔2021〕895号)	新建或改扩建公办养老服务机构,提升公办养老服务机构护理能力和消防安全能力,强化对失能失智特困老年人的兜底保障

2.保障型:普惠性养老服务

保障型养老服务是指成本可负担、具有普惠性质的保障性基本养老服务。在我国,通常是通过政府提供补贴,引导市场主体和社会组织,面向全体老年人所提供的基本养老服务。其目的是在满足老人最基础生活保障的基础上,能够更好地满足老年人的生活需求、改善老人的生活质量,具有基本性和普惠性。"十四五"规划和2035年远景目标提出了"健全基本养老服务体系,发展普惠型养老服务"的要求。2021年,国家发改委等21个部门联合发布了《国家基本公共服务标准(2021年版)》,明确了我国当前的基本养老服务,包含老年人健康管理和福利补贴两方面。具体包括健康检查、评估、指导和针对各类老人的津贴补贴,并说明了服务对象、内容、标准和支出责任,参见表1-3。

表 1-3　国家基本公共服务标准内容(养老部分)

	健康管理	福利补贴
服务对象	65 岁及以上老年人	符合条件的老年人
服务内容	生活方式和健康状况评估、体格检查、辅助检查和健康指导，中医体质辨识和中医药保健指导	对 65 岁及以上的老年人能力综合评估；对经济困难的老年人的养老服务补贴；为经认定生活不能自理的经济困难老年人提供护理补贴；为 80 岁以上老年人发放高龄津贴
服务标准	按《基本公共卫生服务规范（第三版）》及相应技术方案执行	由各地人民政府明确
支出责任	中央财政和地方财政共同承担	地方人民政府负责

3. 改善型：普惠＋个性养老服务

改善型养老服务，是在保障基本养老服务的基础上，根据服务对象自身的意愿和能力提供的个性化服务。包括政府和社会资本共同建设运营的居家养老服务网点、社区综合服务设施、老年送配餐服务、社区日间照料服务、老年教育、老年旅游、适老化改造等形式多样的养老服务。

照料水平、居住环境或医疗条件一般的普惠型养老，难以满足收入有所提高的老年人及其家庭对于养老改善的需求，而纯市场化的高端服务，令普通老百姓又难以企及。改善型养老服务则在由社会资本按约提供、政府给予补贴的普惠服务的同时，能够让老年人根据自身的需要和能力，选择一些企业自行定价的个性化老年服务项目，从而获得更多个性化养老服务需求的满足，使老年人及其家庭能够随着家庭富裕程度的提高，不断改善晚年生活水平。

4. 舒享型：自主选择的高端养老服务

舒享型养老服务是高收入阶层的老年人及其家庭，以舒适享受晚年生活为目的,根据自身的意愿所选择的高档自费的养老服务。舒享型养老服务通常由市场主体提供,以高档老年公寓、养老社区、照料中心、康养中心为主要载体,配置可供选择的多样化优质为老服务项目或产品,属于营利性的养老服务,具有市场化和高费用特点。

国家对高端养老服务企业给予了一定的政策支持。2019 年发布的《关于推进养老服务发展的意见》(国发办〔2019〕5 号)提出,支持养老机构规模化、连锁化发展,支持商业保险机构举办养老服务机构或参与养老服务机构的建设和运营,并大力支持符合条件的市场化、规范化程度高的养老服务企业上市融资。市场化养老服务有助于更好地满足高收入人群的个性化养老服务需求。

【案例 1-1】　杭州"养老顾问"助力个性化养老

2020 年,杭州市下城区试行"养老顾问"制度。养老顾问是在街道居家养老服务中心等养老服务机构中,为老人提供咨询建议或科学制订个性化服务计划的专业人员,由具备初级及以上社会工作资质的专业社会工作者担任。

"养老顾问"作为养老服务的免费"推介人",他们采用专业方法,引导和挖掘社区老人的真实需求,结合老人经济、家庭、身体等状况,有效链接政府、社会提供的养老服务资源,为老人提供咨询建议或科学制订个性服务计划,形成个性化服务套餐。

"养老顾问"服务方式包括:一是上门主动服务,为低保低边并被评估为中度或重度失能等级的老人,提供一对一专业服务,根据老人情况形成个性服务方案,试点期间按照 1 位养老顾问服务 30 位享受现行养老服务补贴的老人来匹配。二是设立街道顾问点,在街道综合为老服务中心(即政府办的街道居家养老服务中心)设立专业咨询点,面对面地为社区老人提供政策咨询、资源链接等服务,畅通养老服务信息,打通养老供需对接,平均每个街道综合为老服务中心还同时配有20人的助老员队伍。三是线上顾问,老人有任何需求或咨询,都可通过电话一号呼叫至下城区智慧养老服务平台,由常设的15名平台坐席顾问提供线上解答或帮助。

"养老顾问"制度开展一年多来,累计服务老人326人,走访2000多户次,扩大了养老服务政策知晓率、养老服务补贴使用率,基于政府和社会提供的养老服务,为有需要的老人提供了个性化服务建议,改善了部分老人的晚年生活。

资料来源:根据浙江广播电视集团钱江台《九点半》栏目官方账号发布的《贴心!杭州下城区推出养老顾问制度 专业"定制"居家养老服务》(https://view.inews.qq.com/a/20200501V008V701)编写。

二、 不同人群的养老需求特点

中国地大物博、人口众多,不同地区的经济发展水平不同,不同年代的社会经济发展造就了不同生活习惯的老人,不同的身心健康状况也导致了不同的养老服务诉求。在本节中,我们将对老人从时代背景、身心健康状况、经济收入水平等角度出发,进行不同人群的养老需求特点分析。

(一)不同时代背景的老人特点

未来20年,主要的养老服务对象是出生在20世纪三四十年代、五十年代、六十年代的老人。不同年代的老人由于其成长过程中所处的社会经济发展状况不同,其养老观念、消费观念、消费能力等也有所不同。

1.50 前人群

20 世纪三四十年代的老人,出生于动荡的时代,早年甚至还经历过战火,但却是新中国成立的见证人,深知安定生活来之不易。在社会主义建设的探索时期,他们积极响应国家号召,投身于社会主义建设,集体主义价值观根深蒂固。"劳动光荣,剥削可耻"是这一代人的共识,因此大多数人特别吃苦耐劳、勤俭持家。由于成长过程中整体生活水平低下,教育普及刚刚起步,文化程度普遍不高,导致人到晚年,比较难以接受新事物、新思想。一般都生育了多个子女,养儿防老的观念深入人心。

目前的 30 后、40 后老人已近耄耋之年,身体器官随年龄增长日渐退化,大多伴随有各种慢性疾病,生活状态取决于其健康状况,能自理的都会尽量自理。晚年生活主要依靠养老金和子女供养,养老储蓄十分有限,生活勤俭节约。受文化程度限制,对健康预防普遍缺乏常识。大多数人不会使用电子产品,接收信息的方式主要是依靠传统的媒介,接收信息的渠道相对狭窄。其子女是 50 后、60 后,大多也到了退休年龄,因此多半希望由子女在家中照料自己的养老生活,对于社会化的养老服务,基本上属于不得已的被动性消费。

2.50 后人群

50 后生在新时代、长在红旗下,被认为是第一代红色接班人。他们童年经过了由天灾导致的物资匮乏,青少年之时又感受了"文革"的动荡,刚成年就经历了上山下乡的波折与沧桑,但赶上了恢复高考和改革开放。在成为家里顶梁柱时的中年,遇到了国企下岗潮和国家加入世贸组织后的快速发展期。总体上而言,他们比 50 前群体获得了更多发家致富的机会，比 60 后群体遇到了更多动荡和生活的艰辛。

目前工作的 50 后绝大部分已经退休，农村或非职工的 50 后则还有相当一部分人在自谋生计。50 后老人物质生活逐渐多元并重视老年生活，多数已完成生活置业方案，但受自身成长历程影响，消费较为保守。在独生子女政策影响下，其子女普遍面临繁重的育儿和工作压力。相应地，作为第一代独生子女的父母，形成了"给子女减负""为子女奉献"的观念，有限的积蓄大多用于支持子女，生活重心也以帮助子女照顾第三代为主，同时需要兼顾对父母的照料，身心压力较大。同时风险意识较强，医疗等产生的支出不确定预期，对其消费欲望以及消费行为的挤压尤为明显。50 后大多会在一定程度上使用智能电子产品，空闲时间也会花较多时间于网络。理财意识较强，理财能力一般。会在经济上为自己养老预留支出，对社会化养老服务有一定的接受度，但仍希望子女可以给予自己更多时间陪伴，对子女和第三代的情感牵绊和依赖较强。

3. 60 后人群

60 后是与我国改革开放同步成长的一代，是改革开放中受益最大的群体。尽管青少年时期也经历过物资贫乏的年代，并因而养成了勤俭节约的习惯，但在刚成年时就迎来了改革开放机遇，青壮年时期经历了 1992 年下海创业潮、1994 年社会主义市场经济体制确立、2000 年加入世贸组织步入全球化。如今的他们多数已经有所成就、衣食无忧。他们既谨慎又大胆，勇于进取、勇于创新；既保守又开放，勇于接受新思想、新观念；既勤俭又喜欢享受，愿意消费、懂得消费。在养老消费观念上，这一群体经历了经济实力的增强、住房条件的改善和健康状况的提升，不再仅仅满足于生存性、保障性的养老需求，而追求改善性和舒享型的养老服务，希望拥有自主的、有品质的幸福晚年生活。

目前 60 后正逐步进入退休年龄,他们是当前社会的主力财富阶层,也是受互联网熏陶发展的中年一代,将是未来社会化养老服务的绝对主力消费群体。60 后的悦己意识逐步觉醒,注重健康、休闲、社交、旅游等体验性消费,在感受到身体出现老化症状时,也会注意寻求科学的方案维持健康。他们接收信息的来源较广,接受新鲜观念的能力相对较强。作为独生子女的父母,他们不愿拖累子女,养老观念也从养儿防老转变为自我准备,愿意接受和购买有质量的社会化养老服务,对未来一般也都能保持积极的心态,是能够最早较好地实践积极老龄观的一代。

（二）不同能力状况的老人需求

参照国家颁布的老人能力评估规范(征求意见稿),老人的综合能力评估共有 4 个一级指标,包括自理能力、运动能力、精神状态、感知觉与社会参与,25 个二级指标,具体参见表 1-4①。

表 1-4　老年人能力评估指标表

一级指标	二级指标
自理能力	进食、洗澡、修饰、穿/脱上衣、穿/脱裤子和鞋袜、大便控制、小便控制、如厕
运动能力	床上体位转移、床椅转移、平地行走、上下楼梯
精神状态	时间/空间定向、人物定向、记忆、理解能力、表达能力、攻击行为、抑郁症状、意识水平
感知觉与社会参与	视力、听力、执行日常事务、使用交通工具外出、社会交往能力

---

① 参见民政部养老服务司《老年人能力评估规范(征求意见稿)》。

自理能力共包含 8 个二级指标,具体参见表 1-5。

表 1-5　自理能力指标表

1. 进食:使用适当的器具将食物送入嘴中并咽下	0 分:独立使用餐具将食物送进口中并咽下,没有呛咳
	1 分:在他人言语指导或照看下完成,或独立使用辅具,没有呛咳
	2 分:进食中需要少量接触式协助,偶尔(每月一次及以上)呛咳
	3 分:进食中需要大量接触式协助,经常(每周一次及以上)呛咳
	4 分:完全依赖他人协助进食,或吞咽困难,或留置营养管
2. 洗澡:清洗和擦干身体	0 分:独立完成,不需要协助
	1 分:在他人言语指导或照看下完成
	2 分:需他人协助,但以自身完成为主
	3 分:主要依靠协助,自身能予配合
	4 分:完全依赖他人协助,且无法给予配合
3. 修饰:指洗脸、刷牙、梳头、刮脸、剪指(趾)甲	0 分:独立完成,不需要协助
	1 分:在他人言语指导或照看下完成
	2 分:需他人协助,但以自身完成为主
	3 分:主要依靠协助,自身能予配合
	4 分:完全依赖他人协助,且无法给予配合
4. 穿/脱上衣:指穿脱上身衣服、系扣、拉拉链等	0 分:独立完成,不需要协助
	1 分:在他人言语指导或照看下完成
	2 分:需他人协助,但以自身完成为主
	3 分:主要依靠协助,自身能予配合
	4 分:完全依赖他人协助,且无法给予配合
5. 穿/脱裤子和鞋袜:指穿脱裤子、鞋袜、系鞋带等	0 分:独立完成,不需要协助
	1 分:在他人言语指导或照看下完成
	2 分:需他人协助,但以自身完成为主
	3 分:主要依靠协助,自身能予配合
	4 分:完全依赖他人协助,且无法给予配合

6. 大便控制:控制大便排出的能力	0 分:可正常自行控制大便排出
	1 分:偶尔便秘(每月≥1 次,但每周<1 次),自行使用外用通便辅助物;或者大便失禁(每月≥1 次,但每周<1 次),自行使用尿垫(布)等辅助用物
	2 分:经常便秘(每周≥1 次),需要他人小量协助使用外用通便辅助物;或者大便失禁(每周≥1 次,但每天<1 次),需要他人少量协助使用尿垫(布)或便器等辅助用物
	3 分:大部分时间均便秘,需要他人大量协助使用外用通便辅助物;或者大部分时间均失禁(每天≥1 次),尚非完全失控,需要他人大量协助使用尿垫(布)或便器等辅助用物
	4 分:严重便秘或者完全大便失禁,需要依赖他人协助排便或清洁皮肤
7. 小便控制:控制和排出尿液的能力	0 分:可自行控制排尿,排尿次数、排尿控制均正常
	1 分:白天可自行控制排尿次数,夜间出现排尿次数增多、排尿控制较差,或自行使用包括但不限于尿垫(布)或便器等辅助用物
	2 分:白天大部分时间可自行控制排尿,偶尔出现(每周≥1 次,但每天<1 次)尿失禁,夜间控制排尿较差,或他人少量协助使用包括但不限于尿垫(布)或便器等辅助用物
	3 分:白天大部分时间不能控制排尿(每天≥1 次),但尚非完全失控,夜间出现尿失禁,或他人大量协助使用包括但不限于尿垫(布)或便器等辅助用物
	4 分:小便失禁,完全不能控制排尿,或留置导尿管
8. 如厕:处理大小便的操作行为,并清洁身体(评估中强调排泄前解开裤子、完成排泄后清洁身体、穿上裤子)	0 分:独立完成,不需要协助
	1 分:在他人言语指导或照看下完成
	2 分:需他人协助,但以自身完成为主
	3 分:主要依靠协助,自身能予配合
	4 分:完全依赖他人协助,且无法给予配合

运动能力共包括 4 个二级指标,具体参见表 1-6。

表 1-6 运动能力指标表

9. 床上体位转移: 卧床翻身及坐起躺下	0 分:独立完成,不需要协助
	1 分:在他人言语指导或照看下完成
	2 分:需他人协助,但以自身完成为主
	3 分:主要依靠协助,自身能予配合
	4 分:完全依赖他人协助,且无法给予配合
10. 床椅转移:从坐位到站位,再从站位到坐位的转换过程	0 分:独立完成,不需要协助
	1 分:在他人言语指导或照看下完成
	2 分:需他人协助,但以自身完成为主
	3 分:主要依靠协助,自身能予配合
	4 分:完全依赖他人协助,且无法给予配合
11. 平地行走:双脚交互的方式在地面行动,总是一只脚在前(包括他人辅助和使用辅助具的步行)	0 分:独立平地步行 50 米左右,不需要协助,无摔倒风险
	1 分:能平地步行 50 米左右,存在摔倒风险,需要他人监护或指导,或使用拐杖、助行器等辅助工具少
	2 分:个体在步行时需要他人少量扶持协助
	3 分:个体在步行时需要他人大量扶持协助
	4 分:无法步行
12. 上下楼梯:双脚交替完成楼梯台阶连续的上下移动	0 分:可独立上下楼梯(连续上下 10—15 个台阶),不需要协助
	1 分:在他人言语指导或照看下完成
	2 分:需他人协助,但以自身完成为主
	3 分:主要依靠协助,自身能予配合
	4 分:完全依赖他人协助,且无法给予配合

精神状态共包括 8 个二级指标,具体参见表 1-7。

表 1-7　精神状态指标表

13. 时间/空间定向:知道并确认时间、空间的能力	0 分:时间观念(年、月、日、时)和空间观念清楚;可单独出远门,能很快掌握新环境的方位
	1 分:时间观念有些下降,年、月、日清楚,但有时相差几天;可单独来往于近街,知道现住地的名称和方位,但不知回家路线
	2 分:时间观念较差,年、月、日不清楚,可知上半年或下半年;只能单独在家附近行动,对现住地只知名称,不知道方位
	3 分:时间观念很差,年、月、日不清楚,可知上午或下午;只能在左邻右舍间串门,对现住地不知名称和方位
	4 分:无时间观念;不能单独外出
14. 人物定向:知道并确认人物的能力	0 分:知道周围人们的关系,知道祖孙、叔伯、姑姨、侄子侄女等称谓的意义;可分辨陌生人的大致年龄和身份,可用适当称呼
	1 分:只知家中亲密近亲的关系,不会分辨陌生人的大致年龄,不能称呼陌生人
	2 分:只能称呼家中人,或只能照样称呼,不知其关系,不辨辈分
	3 分:只认识常同住的亲人,可称呼子女或孙子女,可辨熟人和生人
	4 分:只认识主要照顾者,不辨熟人和生人;或谁都不认识
15. 记忆:短时和长时记忆、瞬时、近期和远期记忆能力	0 分:总是能够保持与社会、年龄所适应的长、短时记忆,能够完整地回忆
	1 分:出现轻度的记忆紊乱或回忆不能(不能回忆即时信息,3 个词语经过 5 分钟后仅能回忆 0—1 个)
	2 分:出现中度的记忆紊乱或回忆不能(不能回忆近期记忆,不记得上一顿饭吃了什么)
	3 分:出现重度的记忆紊乱或回忆不能(不能回忆远期记忆,不记得自己老朋友)
	4 分:记忆完全紊乱或者完全不能对既往事物进行正确的回忆

续表

16.理解能力:理解语言信息的能力（可借助平时使用助听设备等）	0分:清楚理解
	1分:通常理解,个体会漏掉部分内容但大部分可理解
	2分:时常理解,个体会漏掉部分内容,但重复或解释往往可以使其理解
	3分:偶尔理解,个体只能直接沟通或简单回应
	4分:很少或从不理解
17.表达能力:表达信息能力（包括口头的和非口头的）	0分:完全被理解,表达想法没有困难
	1分:通常被理解,较难措辞或理清思路,若给予足够时间,则表达想法没有困难或极少需要提示
	2分:常被理解,很难措辞或理清思路,而且通常需要提示
	3分:偶尔被理解,表达具体需求的能力有限
	4分:很少或从未被理解
18.攻击行为:身体攻击行为（如打/踢/推/咬/抓/摔东西)和语言攻击行为(如骂人语言威胁、尖叫)（长期性行为状态）	0分:没出现
	1分:每月出现一两次
	2分:每周出现一两次
	3分:过去3天里出现过一两次
	4分:过去3天里天天出现
19.抑郁症状:情绪低落,不爱说话,不爱梳洗,不爱活动;甚至出现妄想、幻觉、疑虑、自杀念头或自杀行为（长期性状态）	0分:没出现
	1分:每月出现一两次
	2分:每周出现一两次
	3分:过去3天里出现过一两次
	4分:过去3天里天天出现
20意识水平（指标得分为4分时,即判定为重度失能）	0分:神志清醒,对周围环境警觉,能做出正确反应
	1分:嗜睡,表现为睡眠状态过度延长。当呼唤或推动患者的肢体时可唤醒,并能进行正确的交谈或执行指令,停止刺激后又继续入睡
	2分:意识模糊,注意力涣散,对外界刺激不能清晰地认识,空间和时间定向力障碍,理解力迟钝,记忆力模糊和不连贯

续表

20 意识水平（指标得分为 4 分时，即判定为重度失能）	3 分：昏睡，一般的外界刺激不能使其觉醒，给予较强烈的刺激时可有短时意识清醒，醒后可简短回答提问，当刺激减弱后又很快进入睡眠状态
	4 分：昏迷，意识丧失，随意运动丧失，呼之不应，对一般刺激全无反应

感知觉与社会参与共包含 5 项二级指标，具体参见表 1-8。

表 1-8 感知觉与社会参与指标表

21. 视力：感受存在的光线并感受物体的大小、形状的能力（在个体的最好矫正视力下进行评估）	0 分：视力正常
	1 分：能看清楚大字体，但看不清书报上的标准字体
	2 分：视力有限，看不清报纸大标题，但能辨认物体
	3 分：只能看到光、颜色和形状
	4 分：完全失明
22 听力：能够辨别声音的方位、音调、音量和音质的有关能力（可借助平时使用助听设备等）	0 分：听力正常
	1 分：在轻声说话或说话距离超过 2 米时听不清
	2 分：正常交流有些困难，需在安静的环境或大声说话才能听到
	3 分：讲话者大声说话或说话很慢才能部分听见
	4 分：完全失聪
23. 执行日常事务：计划、安排并完成日常事务，包括但不限于洗衣服、小金额购物、服药管理	0 分：个体能够完全独立计划、安排和完成日常事务，无需协助
	1 分：个体计划、安排和完成日常事务需要他人监护或指导
	2 分：个体计划、安排和完成日常事务需要少量协助
	3 分：个体计划、安排和完成日常事务需要大量协助
	4 分：个体完全依赖他人进行日常事务

续表

24. 使用交通工具外出（外出 3 公里左右距离）	0 分：能自己骑车或搭乘公共交通工具外出
	1 分：能自己搭乘出租车，但不会搭乘公共交通工具外出
	2 分：当有人协助或陪伴时，可搭乘公共交通工具外出
	3 分：只能在别人协助下搭乘出租车或私家车外出
	4 分：完全不能出门，或者外出完全需要协助
25. 社会交往能力	0 分：参与社会，在社会环境有一定的适应能力，待人接物恰当
	1 分：能适应单纯环境，主动接触人，初见面时难以让人发现智力问题，不能理解隐喻语
	2 分：脱离社会，可被动接触，不会主动待人，谈话中有很多不适词句，容易上当受骗
	3 分：勉强可与人交往，谈吐内容不清楚，表情不恰当
	4 分：难以与人接触

老年人的能力等级评估，可根据各个二级指标打分，将其得分相加得到分量表总分。最后将上述分量表得分相加得到老年人能力评估的总分。老年人能力分级标准见表 1-9。

表 1-9　老年人能力等级标准

能力等级	等级名称	等级标准
0	能力完好	总分 0
1	轻度失能	总分 1—20
2	中度失能	总分 21—40
3	中重度失能	总分 41—70
4	重度失能	总分 71—100

注 1：处于昏迷状态者，直接评定为重度失能。若意识转为清醒，需重新进行评估。
注 2：有以下情况之一者，在原有能力级别上提高一个级别：①有认知障碍/痴呆；②有精神科专科医生诊断的精神类疾病；③近 30 天内发生过 2 次及以上照护风险事件（如跌倒、噎食、自杀、走失等）。

按以上标准,在本书中我们将能力完好的老人界定为健康老人或自理老人,轻度失能、中度失能老人界定为部分失能老人,将中重度失能、重度失能老人界定为失能失智老人。

1. 自理老人的需求

自理老人身体基本健康、行动方便、生活不需要他人照护。他们身体状况较好,有足够的行动能力和生活自理能力,所以相对于生理方面的需求,更关注高层次的需求。

在安全需求方面,由于身体状况良好,身体安全和环境安全需求相对较低,但由于离开了工作岗位,经济收入有所下降,会产生一定的财产安全需求,希望能理好财或能有增加收入的工作机会。数据显示,户主年龄为 65 岁及以上的居民家庭投资银行理财、资管、信托产品的均值为 23.9 万元,是总体人群平均水平的 1.4 倍,理财资产占其家庭金融资产的比重为 34.8%,远高于其他年龄段水平①。

在社会功能方面,由于大多数老人已经离开了工作岗位,产生了大量的闲暇时间,如何消磨这些多出来的时光,是他们面对的主要问题。根据 2015 年城乡老人调查数据,中国 45% 的老龄人口参加了帮助邻里、维护社区卫生环境、协助调解邻里纠纷等社会活动,73% 的老龄人口愿意帮助其他有困难的人②,这从一个侧面说明了自理老人参与公益活动的积极性很高。

在消费结构上,根据 2017 年老年人花费习惯的调查数据显示,老年

---

① 中国人民银行. 2019 年中国城镇居民家庭资产负债情况调查[J]. 中国金融,2020(3).
② 党俊武,魏彦彦,刘妮娜. 中国城乡老年人生活状况调查报告(2018)[M]. 北京:中国社会科学文献出版社,2018.

人主要花费为日常生活,其次是养生健康及娱乐交际。老年群体人年均消费约为 22600 元,其中日常生活开销占总支出的 69% ,为最主要开支,健康养生占总花费的 12% ,娱乐交际占 11% ,疾病管理占 7% 。随着后续老年群体富裕程度的提高,预计未来老年群体将会在疾病管理、营养品与旅游方面扩大开支,占比分别为 43% 、29% 与 25%[①]。

2.部分失能老人的需求

部分失能老人通常失去了部分生活自理能力,他们或是体弱多病、患有慢性疾病(需要长期服药才能控制病情),或在心理上有不安全感、情绪不稳定、易怒易暴躁、可能患有轻度阿尔茨海默病,需要在他人的辅助下才能正常生活。

在日常生活方面,相较于自理老人,部分失能老人有更高的生理需求和安全需求。由于疾病或退行性变化严重,部分失能老人的生活自理能力明显下降,同时身体活动亦不足,在行动能力上已经出现了相应的困难,协助性的需求较大,日常生活照料中"代办陪同"需求率达到 61% 、"协助自理:移动"需求率为 59%[②]。

在临床健康方面,伴随常见的慢性病问题,在家里多处于卧姿、坐姿,压疮风险增大,或因记忆力下降等原因,可能需要提醒吃药或陪同出行,因此有一定照护的需求。由于需要定期配药或经常到医院治疗或康复训练,自身行动又不便,所以也有陪同就医或上门医护的需求。

在认知心理方面,部分失能老人由于活动能力受限、躯体及慢性疾病

---

① 普华永道.2017 中国老年人花费习惯白皮书[R].2018.

② 卜子涵,黄安乐,李青云,等.中国失能老人长期照护需求的 meta 分析[J].中国老年学杂志,
2020,40(5):1013-1017.

较多,容易产生较多的心理问题,焦虑、焦躁、害怕孤独、怕被人嫌弃的情绪更加严重。

尽管由于行动能力降低,没有办法参加较多的社会活动,但仍有较强的社交需求。同时,尽管需要他人照护,但仍努力追求尽量能够自理,对能够帮助提高自理能力的产品和服务,多持愿意尝试的态度。

3.失能失智老人的需求

失能失智老人生活基本不能自理、有严重的疾病或身体机能衰退严重、可能患有中度或重度的阿尔茨海默病、可能需要长期的医疗护理、心理上有不安全感。

在日常生活方面,失能失智老人已经离不开他人的照护。相较于部分失能老人,其所需的服务内容和所需付出的人力也进一步提升。由于无法自理,因此他们主要关注的是生理需求和安全需求的满足,也特别怕孤寂和被人嫌弃。

在认知心理方面,由于严重依赖他人照顾,因而自卑、焦虑、不安全感等负面情绪严重,同时由于长期处于封闭状态,大脑功能退化加速,呈现一定谵妄问题。根据中国阿尔茨海默病协会的数据显示,目前我国有超1000万阿尔茨海默病患者,到2050年,我国将有4000万余阿尔茨海默病患者。失智老人中有60%～98%会出现精神行为问题,其中60%～77.75%的人会出现破坏物品或攻击他人等激烈行为。

在社会功能方面,失能老人完全缺失社会活动,失智老人则无法与他人进行正常的社交活动,但并不等于他们就没有社交的需求。事实上,失能老人最怕孤寂,失智老人也想与人交往。在临床健康方面,失能老人由于长期卧床,压疮风险增大,并伴随相应的大小便失禁问题,同时,由于活动少,饮食摄入减少,营养不良、脱水问题亦比较严重,需要科学的膳食服务以及协助饮水,提供专业的生活照料服务。

（三）不同收入水平的老人特点

从社会层面来说,"经济基础决定上层建筑"。从个人角度而言,与经济情况直接挂钩的家庭收入水平,也必定是影响其家中老人生活模式和思想观念的直接因素。

1.低收入人群

低收入人群是指家庭年收入水平低于 10 万元的人群,其中包括由政府负责兜底的"三无""五保"老人,城市的无业、无劳动能力以及企业失业下岗人员,农村易返贫致贫户、农村低保户、农村分散供养特困人员,以及因病因灾因意外事故等刚性支出较大或收入大幅缩减导致基本生活出现严重困难的家庭。他们通常学历不高、劳动技能低或年龄偏大,在劳动力市场上为弱势群体。在共同富裕的初级阶段,这一人群大约占人口总数的 10%。

低收入老年人的养老资金主要来源是养老保险和政府社会救助。众所周知,我国的基本养老保险分为职工养老保险和城乡居民养老保险,职工养老保险由个人和单位各缴纳一部分,城乡居民保险是非从业人员(包括城镇灵活就业人员以及农民)缴纳的养老保险,主要是个人缴纳加国家补贴。总的来说,养老金收入水平主要取决于个人在就业期间的工资水平或个人在缴费期的缴费水平。大部分低收入老年人因受教育程度有限,工资和养老金水平通常都不高。农村低收入老年人的养老保障就更为单薄了,2020 年全国城镇人均养老金为 40198 元/年,而农村居民养老金收入仅 2088 元/年,只有城镇职工退休金的近二十分之一①。如果年老之后因身体健康状况,还需要承担沉重的医疗负担,就会进一步加重贫困的风险。

低收入老年人因为收入有限,所以总体来说消费需求低下、支付能力有限、消费行为节俭、消费观念保守。由于保健意识相对缺乏,他们身体健康状况更差,失能、失智老年人在这类人群中也在日渐增多。没有足够的钱承担慢性病的日常医药支出,长此以往,慢性疾病也会变成恶性疾病,进一步加重老年人的病情,提高贫困的发生率。

截至 2020 年底,全国供养特困人员 477.7 万人,其中老年人就有 387.6 万人②。

2. 中低收入人群

中低收入人群是指家庭年收入水平高于 10 万元、低于 30 万元的人群,主要包括农林牧渔劳动者、第二产业基层劳动者、一般商业服务人员、基层办事人员等普通工薪阶层。他们大约占人口总数的 40%。

中低收入家庭中的老人,退休前从事生产性工作的比重较高,退休后一般仍会选择继续工作以赚取收入,但受思维观念和受教育程度的限制,视野相对封闭,从事的工作收入有限。这类家庭拥有的收入只能满足其刚性需要,例如用于子女教育、为子女成家立室、补助子女养育第三代等。相较于中高收入人群,中低收入人群抗风险能力较差,更容易陷入因病致贫、因病返贫的困境。所以他们通常除了日常必需的开销外,更愿意为自己的健康和养老储蓄。在消费中他们往往比较克制,对价格极为敏感。

---

① 国家统计局.2021 年中国统计年鉴[M].北京:中国统计出版社,2019.
② 根据民政部公布的统计数据整理。

这类家庭的老人因为算不上贫困，所以不能享受国家兜底的福利养老服务，又因为收入有限，所以购买不起纯粹市场化的养老服务。对于他们而言，最希望获得的是由政府提供一定补贴的普惠性养老服务。

3. 中高收入人群

中高收入人群是指家庭年收入水平高于 30 万元、低于 50 万元的人群，主要包括白领员工、金领工人、普通教师、一般公务员等家庭。他们大约占人口总数的 40%。

中高收入者一般来说，主要从事以脑力劳动为主、有一定技术含量、收入较高的工作，靠薪金谋生，收入稳定，在维持基本的生存需求外，还能有不少的结余，具有一定的消费能力。其养老资金来源相对广泛，主要由退休金、储蓄、理财收入、技术劳务收入、子女补贴等组成。

对这部分家庭中的老年人来说，不仅希望"活着"，还希望能"有尊严地活着"。养老生活总体上比上不足，比下有余。他们受教育程度普遍较高，容易接受新鲜事物，思想观念转变较快，所以对智慧化养老服务、养老金融投资、健康管理等新概念有一定认知。中高收入群体不吝啬消费，在养老时不会仅停留在低层次的生活照料方面，还会关注到医疗服务、健康养生、文体娱乐、教育旅游等方面。在选择养老服务时会更关注服务内容、服务质量、环境，但相比于高收入人群，也会更关注价格因素。

4. 高收入人群

高收入人群是指家庭年收入水平高于 50 万元的人群，主要包括效益良好的企事业单位中的中高层管理人员、私营企业主、高职称或市场稀缺的技术人员、教授等人员，一般具有"高知、高干、高管、高技"的特点。他们大约占人口总数的 10%。

　　高收入者作为中国高净值人群重要组成群体,他们的养老习惯引领并代表着未来社会养老消费的新趋势。高收入者养老资金充足,除了稳定的退休金,他们还有相当数量的金融资产和房子等不动产收益作为养老金来源,不靠子女也有能力追求更有品质的老年生活。因此,他们对于养老服务品质具有较高需求,理想的养老状态需要健康的身体、专业的医疗服务和完善的生活服务。显然,标准化的市场产品和服务,并不能完全满足他们的需求。他们会有更多的个性化服务需求,也更看重养老服务的专业性和针对性,希望获得更健康、更便利、更多样的高品质养老服务。

　　《2015 中国高净值人群医养白皮书》显示,中国高净值人群对于中高端养老社区感兴趣程度高,表示感兴趣的比例超过七成,入住的可能性也达到45%。而在《2016 中国高净值人群医养白皮书》中,在受访者对养老社区的选择中,完善的医疗和生活服务以60%的选择率排名第一,其次是优越的居住环境和适老设施(58%)。总体来看,高收入群体对与儿孙同住、享受天伦之乐的需求并不高[1],他们更愿意在自己的兴趣爱好上投入时间,拥有独处的能力,乐于保持学习,追求自我价值实现,物质精神需求更为多元化。

三、 共富彰显养老新特点

　　从前面的描述中可以看到,无论是养老的供给端还是需求端,都受到经济能力的影响。随着我国推进共同富裕,养老服务也必然会相应地呈

---

[1]　胡润研究院.2016 中国高净值人群医养白皮书[R].2016.

现出新的特点。

（一）现状痛点

经过 20 多年的发展,我国的养老服务体系从无到有、从少到多、从有到好,已经有了长足的发展,但相对于人民对幸福晚年的期盼,还有很大的差距。

1. 老龄化加速　服务需求攀升

2020 年,我国 60 岁及以上人口比重达到 18.7%,比 2010 年上升了 5.44 个百分点;65 岁及以上人口比重达到 13.5%,比 2010 年上升了 4.63 个百分点。与上个 10 年相比,上升幅度分别提高了 2.51 个和 2.72 个百分点①。2021—2030 年增长速度仍将明显加快,60 岁及以上人口到 2030 年占比将达到 25% 左右②。老年人口总量持续快速增加的长期态势,将一直持续到 21 世纪中叶。老年人口绝对规模日益庞大,老年消费和服务需求也自然将随之急剧扩大。

人口老龄化和人口结构的变化,还将导致老年抚养比(每 100 名劳动年龄人口要负担的老年人数)进一步提升,并长期保持在较高水平上。2020 年我国老年抚养比为 19.7%,预计 2030 年提高到 25%,2050 年超过 43%,2059—2089 年老年人口抚养比将保持在 55% 以上③,全社会养老负担将日益加重。

---

① 参考第七次全国人口普查数据。
② 参考国务院印发《国家人口发展规划(2016—2030 年)》。
③ 王广州. 新中国 70 年:人口年龄结构变化与老龄化发展趋势[J]. 中国人口科学,2019(3):2-15, 126.

2. 高龄化加深　照护刚需凸显

伴随着人口老龄化的脚步,照护服务需求将大幅上升。根据 2015 年全国老龄办发布的第四次中国城乡老年人生活状况抽样调查显示[①],我国城乡老年人自报需要照护的比例为 15.3% ,较 2010 年抽样调查的 13.7% 上升了 1.6% ,较 2000 年抽样调查的 6.6% 上升了 9.1% 。按照城乡区分,城镇老年人需要照护的比例从 2000 年的 8% 上升到 2015 年的 14.2% ;农村老年人需要照护的比例从 2000 年的 6.2% 上升到 2015 年的 16.5% ,农村老人需要照护比例上升的速度高于城镇老年人。

由于生活水平和医疗水平的不断提高,人均寿命也在不断攀升,80 岁及以上高龄老年人口总量不断增加,高龄化程度也将持续加深。目前,我国 80 岁及以上的高龄人口为 3580 万人,占老年人口的 13.56% ,占总人口的 2.54% 。根据预测,在未来 70 年里,高龄老人 2070 年前后将达到 1.6 亿人左右的高峰,到 2089 年高龄老人总量虽有所下降,但仍将保持在 1.2 亿人以上的规模,占老年人口的比例在 40% 左右[②]。

老年人生活自理能力随年龄的提高而逐步下降,发生失能半失能的概率会不断上升。健康中国行动(2019—2030 年)数据显示,截至 2018 年底,我国近 1.8 亿老年人患有慢性病,患有一种及以上慢性病的比例高达 75% 。2020 年底,我国 60 岁以上失能老人已超 4200 万人[③],占 60 岁以上老年人口的 16.6% 。换句话说,我国每 6 位老年人中就有 1 位生活无法

---

① 第五次调查于 2021 年 8 月启动,目前暂无数据。

② 王广州. 新中国 70 年:人口年龄结构变化与老龄化发展趋势[J]. 中国人口科学,2019(3):2-15, 126.

③ 每 6 位老人中至少 1 位生活无法自理　"长护险"试点进程加速[EB/OL]. http://www. ceh. com. cn/epaper/uniflows/html/2021/07/09/04/04_57. htm.

自理。据预测,我国失能半失能老人规模还将进一步扩大,2030 年人数和比例将上升至 6953 万人和 17.44%,至 2050 年进一步上升到 12606 万人和 22%①。失能半失能老人规模的快速扩大,显示了对长期照护服务需求的紧迫性。

3.结构性错配　养老床位空置

目前养老服务市场呈现"一床难求"和床位空置并存的矛盾。为了满足日益增长的养老需求,政府大力引导提高老人的养老床位和护理床位数量,颇有成效。根据民政部统计,截至 2020 年底,我国有注册登记的养老机构床位数 483.1 万张。但由于缺乏科学的规划引领,我国养老机构存在布局不合理、服务设施功能不配套、服务质量不均衡等问题,总体上养老床位空置率高达 50%。

一方面,城乡之间床位资源差异较大。受人口密度、地理条件、资源基础限制,城乡机构床位比例失衡问题突出,城中养老机构往往一床难求,城郊和农村养老机构的入住率则相对较低,有不少床位空置。

另一方面,供需结构错配问题严重。我国现有机构养老床位中,80%是一般性养老床位,空置率较高。针对失能半失能老人的长期护理型床位只有不到 20%,且长护型床位主要集中于以护理、康复服务为主的养老机构,如护理院、老年康复医院、老年干部疗养院以及公办养老机构。这些机构供给服务内容涵盖医护养,设施齐全,收费也相对不高,因而护理型床位往往供不应求。

城镇公办养老机构有政府支持,运营成本较低,收费也较低,且运营

---

① 李建伟,吉文桥,钱诚.我国人口深度老龄化与老年照护服务需求发展趋势[J].改革,2022(2):1-21.

经验丰富,服务规范,老人愿意入住但床位数量有限。民营养老机构在信誉、收费上,和公办公营养老机构或公办民营养老机构还存在差异,大多数家庭宁愿排队久等,也不愿去有空缺床位的民办养老机构。品质有保障的高端商业养老机构,每月费用动辄上万,主要针对高收入客户。占人数八成的中等收入水平老年人,既买不到公办养老机构床位服务,又支付不起高昂的高档养老院的费用,极大地影响了普通老百姓的获得感、安全感和幸福感。

4.护理员短缺　素质提高困难

养老护理人员不同于医院护工。护工只是负责病人住院治疗期间的生活照护和基础照护,而养老护理员的工作内容,不仅包括生活照护、基础照护,还包括康复服务、心理支持、照护评估、质量管理和培训指导[①]。养老护理员是养老服务的主要提供者,需要持证上岗,也更具有专业性。

目前,我国已有超 4200 万失能老年人,按照国际标准每 3 名失能老年人即需要 1 名护理人员计算,我国护理人员应不少于 1300 万人。根据《中国民政统计年鉴》数据,截至 2018 年底,我国通过职业鉴定的养老护理员人数为 44244 人,远不能满足养老服务需求。为破解养老服务业发展面临的人才瓶颈,人社部、民政部联合颁布《养老护理员国家职业技能标准(2019 年版)》,降低了对五级/初级工工作内容、技能要求、相关知识的要求;同时将"普通受教育程度",由"初中毕业"调整为"无学历要求"。这一举措的确促进了护理员人数上的增加,到 2020 年,养老护理员迅速增加至 50 万人。然而由于拉低了养老护理员的受教育程度,客观上也影

---

① 　参考《养老护理员国家职业技能标准(2019 年版)》。

响了在老年服务管理、老年心理照护等相关服务领域上必要的专业度，不利于促进养老护理质量的提高。

除此之外，目前我国养老服务类社会组织中参与和提供服务的人员，多为非专业人员或只是经过临时性培训的志愿者。各地政府尽管已着手开展免费的家庭照护者照护知识培训，但参加过培训的家庭照护者数量仍很少。

5.体系不完善　保障有待加强

中国的养老经济保障，主要由三部分构成：基本养老保险、企业年金和个人储蓄型/商业养老保险。这三种保障也被称为养老保障的三支柱。第一支柱基本养老保险为强制性，由个人和企业共同缴费，国家财政进行补贴，由政府承担投资风险，为居民提供退休后基本生活保障，并可以抵扣企业所得税和个人所得税。第二支柱企业年金为非强制性，是企业为员工提供的养老保障，一般由企业和员工在自愿的情况下共同缴费，企业年金可以抵扣部分企业所得税、递延个人所得税，国家有一定的税收优惠政策扶持。第三支柱个人储蓄型养老保险和商业养老保险，为非制度性的养老金融产品，主要形式包括储蓄与投资、商业养老保险计划、以房养老，以及家庭和代际基础上的非正规保障形式等，是对基本养老保险和企业年金的补充，国家刚着手鼓励开展。

第一支柱是我国养老保障三支柱体系的基石，是设立最早、覆盖率最高、资金储备量最大的养老保障支柱。截至 2021 年 2 月，我国基本养老保险覆盖人数已达 9.99 亿人，基本实现全面参保。自 2005 年开始，随着经济的增长，我国连续 17 年上调养老金水平，为老年人的基本生活提供了一定的保障①。但城乡居民的保障水平较低,基本养老保险月人均待遇水平仅约 170 元。同时也面临供需矛盾。一方面,从 2014 年起,我国 16—59 岁劳动年龄人口数量及占比连续呈下降趋势,加之我国政府近年出台的一系列企业减税降费举措,使养老金缴费人数及规模不断减少;另一方面,人口老龄化叠加人均预期寿命延长,使得养老金领取人数及领取周期不断增加。供需不平衡导致我国在 2013 年后,基本养老金缺口持续扩大。

在第一支柱保障缺口逐步加大的趋势下,企业年金和个人养老保险作为第二、第三养老保障支柱的作用在未来尤为关键。2020 年第二支柱在养老保障体系中占比约 37.9%。截至 2020 年底,全国企业年金年末基金累计结存 2.25 万亿元,建立企业数达 10.5 万户,覆盖职工 2718 万人。相较于我国庞大的劳动力人口,企业年金的覆盖率较低,主要覆盖了盈利性相对良好的中大型企业,民营中小企业建立企业年金的动力不足。在政策强制推行下,职业年金覆盖率迅速提高,但适用对象仅限于机关与国家事业单位职工,持续提升空间较小。

第三支柱起步较晚,个人养老保险的发展还处于探索阶段。2018 年,我国启动了个人税收递延型商业养老保险试点,在上海、福建和苏州工业园区实施试点,明确保费支出可以延迟缴纳个税,鼓励个人购买商业养老保险产品。该政策的出台,在调动个人参与商业养老保险的积极性、应对我国老龄化社会趋势、提高全民养老保障水平等方面起到了促进作用。2021 年 6 月,专属商业养老保险试点启动,要求试点保险公司创新开发投

---

① 根据中国人力资源和社会保障部公布数据整理。

保简便、缴费灵活、收益稳健的专属商业养老保险产品。消费者达到 60 周岁及以上方可领取养老金，且领取期限不短于 10 年。根据中国银保监会公布的数据，截至 2022 年 1 月底，6 家试点公司累计承保保单近 5 万件，累计保费 4 亿元。2022 年 3 月 1 日起，专属商业养老保险试点区域扩大到全国范围。表 1-10 梳理了我国养老保障的主要政策。

表 1-10　我国养老保障主要政策梳理

年份	政策名称	创新内容
1995	《关于深化企业职工养老保险制度改革的通知》	基本养老保险费用由企业和个人共同负担，实行社会统筹与个人账户相结合，建立基本养老金正常调整机制
1997	《关于建立统一的企业职工基本养老保险制度的决定》	标志我国企业职工现代养老保障制度的初步建立
2005	《关于完善企业职工基本养老保险制度的决定》	对养老金发放、社会统筹与个人账户相结合进行了完善，将城镇个体工商户和灵活就业人员纳入参保范围
2009	《关于开展新型农村社会养老保险试点的指导意见》	尝试建立村民个人缴纳一定的保险费、村集体给予补助、政府财政适度补贴三结合的新型农保
2011	《关于开展城镇居民社会养老保险试点的指导意见》	试点建立城镇居民社会养老保障
2014	《关于建立统一的城乡居民基本养老保险制度的意见》	将农村村民新型社会养老保险和城镇居民社会养老保险合二为一、统一实施
2015	《关于机关事业单位工作人员养老保险制度改革的决定》	机关事业单位工作人员开始实行社会化养老保险
2017	《国务院办公厅关于加快发展商业养老保险的若干意见》	补充养老保险制度
2018	《企业年金办法》	推进多层次养老保障体系
2018	《关于建立企业职工基本养老保险基金中央调剂制度的通知》	迈出养老金全国统筹第一步

续表

年份	政策名称	创新内容
2021	《关于开展专属商业养老保险试点的通知》	试点推动商业养老保险发展
2022	《关于扩大专属商业养老保险试点范围的通知》	深入探索商业养老保险发展经验,允许养老保险公司参与试点,促进和规范第三支柱养老保险发展
2022	《关于推动个人养老金发展意见》	构建多层次、多支柱养老保险体系,规范发展第三支柱养老保险

（二）老年人的养老服务追求

在前面,我们曾从不同的方面阐述不同老年人的需求特点。在这一部分,我们将根据老年人的特点,描述老年人对未来养老服务的追求。

1. 颐医康养结合

不同老年人的老年生活阶段大体相同,从刚刚退休回归家庭的乐龄阶段,到慢慢开始因身体机能衰退而生活需要照护的阶段,再到身体健康或生理机能每况愈下,最后直面死亡的阶段。每个阶段都有生理和心理的需求,只是每个阶段侧重点不同而已。

理想的晚年生活需要有健康的身体、专业的医疗服务和完善的生活娱乐服务。

在预期寿命不断提高的情况下,身体的各个器官运作机能下降,腿脚开始变得不灵活,给老年人的日常生活带来了很大不便,老年人生活自理能力不足与慢性疾病并发现象逐渐凸显。《中国卫生健康统计年鉴2020》显示,截至 2018 年底,65 岁及以上老年人的两周患病率达到58.4% ,65 岁及以上老年人的慢性病患病率达到62.3%。生活照护和医疗卫生服务双需求的趋势日益明显，老年生活离不开医疗、康复、护理服务。

同时，老年人因退休之后长期赋闲在家，会造成心理上与社会的脱节，慢慢产生失落和孤独的情绪，因而社交、娱乐等精神生活需求是老年人的重要需求之一。根据国家统计局公布的统计数据，2020年，城乡老年人人均消费支出约为16307元。从支出结构来看，日常生活支出占61%，医疗费支出占22%，社交娱乐支出占13%，其他支出占4%。医疗支出和社交娱乐支出占比，较2014年全国老龄办的统计数据分别提升了9.2%和9.8%，说明老年人不再满足于基本的养老服务，对于健康和文娱生活的追求逐步提高。

随着经济的发展和生活质量的提高，老年人的生活需求呈现出多元化的趋势，他们对老年服务提出了更高的要求。他们最怕生病和孤独，希望自己能健康长寿，因而有社交娱乐、医疗服务、康复护理、生理和心理照料等共同需求。而且这些服务通常需要与日常生活结合在一起，相互交融，贯穿老人从健康到生病到死亡的全过程。因此，颐医康养相结合的服务，是各类老年人晚年生活中的共同需求。

2.需求多维多层

养老需求尽管有共同性，但因为不同老年人的异质性，也会呈现出多样性和个性化的特点。前文我们提到，不同时代的老年人消费观念不同，不同能力状况的老年人关注的需求重点不同，而收入水平不一样，能够消费的养老产品和服务类型也不同。因此，不同的老年人在养老服务需求上，也会有显著差异。

例如，从身体健康状况出发，按马斯洛的需求层次理论来分析，不同类型的老年人群体的需求重点,就存在着巨大的差异。失能和部分失能老人的主导需求都是生理需求和安全需求,而健康老人的生理服务需求普遍较低,其主导需求是社交、尊重和自我实现需求,当然随着年龄的提高,其对生理和安全的需求也会随之提高(80 岁及以上的健康高龄老人的需求结构与部分失能老人相似),参见表 1-11。

表 1-11　不同类型的老人需求层次汇总表①

年龄 ＼ 健康状况	健康老人	部分失能老人	失能老人	不同点
65—79 岁	生理需求:1 安全需求:2 社交需求:5 尊重需求:4 自我实现的需求:3	生理需求:4 安全需求:4 社交需求:3 尊重需求:2 自我实现的需求:1	生理需求:5 安全需求:4 社交需求:3 尊重需求:2 自我实现的需求:1	生理、安全需求随着失能程度提高不断提高; 社交、尊重需求随着失能程度提高逐渐下降
80 岁及以上	生理需求:3 安全需求:4 社交需求:3 尊重需求:2 自我实现的需求:1	生理需求:5 安全需求:4 社交需求:2 尊重需求:2 自我实现的需求:1	生理需求:5 安全需求:5 社交需求:2 尊重需求:2 自我实现的需求:1	差异主要体现在对生理需求和社交需求的程度不同,但差异较小
共同点	社交需求是主导需求; 对尊重或安全需求保持较高水平	主导需求是生理需求; 安全需求水平较高; 尊重和自我实现需求水平较低	主导需求是生理和安全需求; 不同年龄段的失能老人其需求水平几乎一致	结论:不同类型的老人由于健康状况不同,其主导需求有较大的差异

3.服务就近可及

老年人由于身体机能老化,会出现拿不动重物(如粮、油等)、走不了

———

① 浙江大学健康产业创新研究中心.2020 年养老商学报告[R].2021.

远路(体力不支)、搞不清状况(记忆力下降)等,从而使其活动能力与活动范围受限,对于其所需要的各类服务,通常都趋向于就近可及。所以对社区内部和周边或上门的养老服务、设施配套需求更加突出,希望能够在社区或身边、线上就能获得各类所需要的服务。

老年人的环境适应能力下降,比较怕环境的转换和被陌生人欺骗。因此,通常希望在熟悉的地方、与熟悉的人一起,到熟悉的机构购买服务。例如,希望在社区理发、养老,在附近食堂就餐,在社区卫生服务中心配药、康复,在附近菜场买菜等。

另外,老年人尽管时间相对宽裕,但因为生活、娱乐、配药等都是日常性的行为,需要反复多次进行,会形成一定的生活习惯,所以就近可及的服务,不仅有利于老年人养成消费习惯,也能让老年人不用经常来回奔波,从而减少途中意外,全方面保障老年人生活安全及健康。

在家庭规模小型化背景下,老年人独居或空巢居住比例明显提高。据全国老龄办数据统计,2020 年我国空巢老人达到 1.18 亿,预计至 2030 年空巢老人将超过 2 亿,空巢独居率超过 50%。由于独居和部分失能失智,子女不能随时帮助,老人自然也希望能够通过电话或网络,预约到更多的上门服务。

买得到服务还不够,老年人需要的是能够买得起的服务。相对于年轻人,老人的消费理念偏传统,一向重储蓄、轻消费,即使是有足够的消费能力,对价格也较为敏感。尤其是对生活困难的老人来说,消费观念还在其次,购买力不足才是关键。因此,老年人也更需要物美价廉、贴近自身消费理念的服务及产品。

（三）未来的养老服务特点

与老年人群的特点相对应，从老百姓的追求出发，未来的养老服务体系建设，应具有以下特点。

1. 提高基本保障　扩大普惠服务

习近平总书记在中共十八届六中全会第二次全体会议上强调，要"集中力量做好基础性、兜底性民生建设"。"兜底性民生建设"是指，国家保障每一个人能够获得生存和发展的最基本条件，满足每一个人生存和发展的最基本需求，体现了底线公平的福利理念，是把人的生存权和发展权放在优先位置的社会主义人权观的重要体现[①]。

自中华人民共和国成立以来，我国一直在不断完善人民最基本的生活保障体系。从最早主要解决部分困难老年人社会照护问题，对"五保""三无"老人等，由政府开办福利性机构提供救济型服务，到改革开放以后，逐步建立了以基本养老保险、医疗保险、工伤保险、最低生活保障制度、社会福利救助制度为重点的社会保障体系；再到2000年之后，步入中国特色社会保障体系深化发展阶段，政策覆盖范围不断扩大，保障水平持续提升。如今，基本养老保险制度和基本医疗保险制度、老年优待福利政策、养老金和最低生活费、敬老院福利院设施、养老相关法规与技术标准等都有了长足的进展。《2020年民政事业发展统计公报》显示，截至2020年底，我国城镇居民的人均养老金达到3500元/月，全国共有各类养老机构和设施32.9万个。截至2021年年末，我国城乡基本养老保险基本实现

---

① 蔡禾. 共同富裕的兜底标准与底线公平[J]. 探索与争鸣, 2021(11): 18-20, 177.

全覆盖,全国社保卡持卡人数达到 13.52 亿,普及率达 95.7%；基本医疗保险覆盖超 13 亿人,参保率稳定在 95% 以上①。社会保障制度从无到有,保障层次逐步提高。

未来,为了在推进全体人民共同富裕中提供坚实的兜底保障,实现"老有所养、弱有所扶",以习近平同志为核心的党中央还将进一步加强普适性、基础性、兜底性民生建设,"提低扩中",在进一步改善和提升兜底性养老服务的基础上,完善基本养老服务清单,随着国家财力的增加,不断扩大面向全体老年人的基本养老服务内容,引导和鼓励社会提供更多普通老百姓买得起的普惠性的养老服务,并持续完善覆盖全民、统筹城乡、公平统一、可持续的多层次社会保障体系,形成"以居家养老为基础、社区为依托、机构为补充、医养相结合的养老服务体系",进一步提升普通老百姓的晚年生活水平。

2.多元联动发展　更好满足需求

《中共中央关于制定国民经济和社会发展第十四个五年规划和二〇三五年远景目标的建议》把积极应对人口老龄化提升为国家战略,提出要推动老龄事业和老龄产业协同发展,进一步健全基本养老服务体系、发展和推广普惠型和互助性养老服务、支持家庭承担养老保障与养老服务功能等新的政策建议。同时提倡共建共治共享,强调充分发挥政府作用,统筹利用各类资源,调动广大社会力量,促进广泛参与、各负其责、互为补充、同频共振。这些新的理念与政策建议,标志着中国社会养老服务体系的内涵、方式与建设途径将发生重大转型。为了满足老百姓多元多维养

---

① 根据民政部公布的统计数据整理。

老服务需求,未来将进一步促进老龄事业与老龄产业协同发展,老年消费市场与老年照护服务同步发展,政府、市场、家庭、社会共同发力。

首先是老龄事业和老龄产业协同发展。目前,我国的养老服务体系建设,是以老龄事业发展为主、老龄产业发展为辅,养老服务基本上也是以政府主导、政府推进和建设为主。这一方面是因为社会化养老服务是新生事物,产业发展会遇到很多政策、认知、技术上的障碍,老百姓前期对社会化养老的接受程度也有限,需要以事业的形式、依靠政府的公信力推进;另一方面也与当前的养老市场不成熟有关,老百姓的消费能力有限、观念有待转换、知识有待更新,目前总体有效养老服务市场规模有限,而社会对老龄产业发展前景认识不足和养老产业自身人才不足、缺乏经验、缺少产品和服务研发能力,也导致老龄产业发展缓慢。未来,随着社会加深对老龄产业发展潜力的认识、政府加大产业振兴的力度、新一代老人消费观念转变和消费能力提升,将快速推动老龄产业的发展,使老龄产业和老龄事业能够协同发展。

其次是消费市场和照护市场同步发展。对于企业来说,养老产业是一个新兴的万亿蓝海市场。根据老年人的需求,可分为老年消费市场和老年照护服务市场。消费市场面向全体老年人,为老年人提供适老产品和服务,主要包括:老年用品(指根据老年人特点对日常用品进行改造后的产品,如老年鞋、老花镜等)、老年保健品、住宅适老化改造、养老地产、老年保险及财产规划、老年心理咨询、老年慢病管理、老年病专科医院、老年旅游、老年教育、老年文化娱乐活动、老人就业中介服务等。照护服务市场主要面向部分或暂时失能、失能失智、高龄体弱等需要他人照护的老年人群,是以提供照护服务为核心,给老年人提供生活照料、医疗护理、康复理疗、精神慰藉、心理咨询等一系列以满足老年人身心和医疗护理需求为主的服务市场，它可以独立于消费市场之外，也可以包括在老年人消费市场之中，但是是其中的一个特殊组成部分①。随着新一代老年群体消费观念的转变、消费能力的增强，以及国民整体收入的稳定持续增长，老年消费市场将是今后撑起我国经济发展的一股新生力量。而照护服务虽然只是部分老年人的需要或老年人在一定时期内的需要，但由于照护既费时又费力，而且具有较强的专业性要求，通常属于刚性需求，因此，在持续发展老年照护服务以满足养老刚性需求的同时，大力发展老年消费市场，不仅可以更好地满足老年人的多元多维需求，而且可以促进国民经济的发展，加快共同富裕的进程。

最后是政府、市场、家庭、社会共同发力。随着人口老龄化高龄化的进程加速，基本养老金压力的增大，未来个人和家庭势必仍然需要承担老人养老的主要责任。但对于未来的家庭而言，少子化和空巢化使得单纯依靠家庭力量养老必然力不从心。因此，未来的养老服务体系的发展，需要政府、家庭、市场、社会分工协作，发挥各自的优势，多元联动。在充分发挥政府主导和家庭主体作用的同时，激活市场力量，调动社会的积极性，通过多元主体协同，建立面向兜底保障人群和全体老人的"政府清单式、标准化供给"的政府托底型和保障型养老服务，面向普通老百姓的"政府补贴、社会助力、多元供给"的政府和家庭共担的普惠型养老服务，以及以满足多样化、个性化、高品质养老服务需求为目标的"市场主体供给，家庭付费享受"的市场型养老服务，使不同经济条件、家庭背景的老年人都

---

① 浙江大学健康产业创新研究中心.2020 年度养老产业商学报告［R］.2021.

能享受到相应的养老服务。

3.借助科技赋能　提升服务品质

老年消费和老年照护服务质量的提升,都离不开科技的支撑。老年人由于生理衰退,会存在体力不支、记忆力减退、眼花耳聋、骨质疏松等问题,因此,面向老年人的产品和服务,需要保障安全性和适老性,在此基础上,才有可能进一步提升为老服务的品质。因此,加强老龄产品技术研发和服务的科学设计,借助科技的力量,提高为老服务产品和服务的安全性和适老性,是未来养老服务发展的必然趋势之一。

科技赋能养老的方向,大致可分为使用端和运营端。老年人生理机能退化,科技手段可以帮助他们提高和保持自理能力和提供生活安全保障。比如老年玩具,可以让老人延缓大脑衰老退化;老年病早筛技术和设备,可以让老人尽早发现身心疾病;警报器具、智能监护器具、居住环境检测设备等,可以给独居老人加上一张安全保护网;智能行走机器人可以帮助他们行走,AI人脸识别技术可以帮助老年人完成身份识别,省去手机扫码等智能化设备的复杂认证操作;互联网技术可以让老人一键获得所需的上门服务等。老年人的照护离不开人,工作脏累忙,护理员和家人也可借力科技减轻护理压力。科技养老产品和设备的应用,一方面能够有效弥补为老服务人力资源不足所带来的缺陷,降低服务成本,另一方面也可以提高养老服务的质量和效率。

运营端主要是通过互联网、物联网、大数据分析、3D影像等技术,实现远程服务、数据共享服务、个性化需求分析、服务过程监控等,方便运营方、老人、老人的子女等各方都实现快速便捷的信息共享,方便家属、社区卫生服务中心、医护保健人员、养老机构、政府职能部门等有关主体,对养老风险和需求作出及时反应,方便为老年人及时提供助餐服务、医疗卫生服务、紧急救援服务、家政服务、社区服务、日常生活服务等,让老年群体可以获得更加便捷、精准、安全、个性化的服务。

当前我国科技养老市场需求大,但其发展还局限于"互联网＋养老",养老科技服务应用领域较为狭窄。以老年产品供给为例,据统计,截至2021年,全球已有6万多种老年用品,其中日本有4万多种,而中国只有2000多种。目录企业提供的产品只有16种①,同时这些产品规格型号单一,产品技术含量较低,大多数属于监测类产品,真正具有恢复功能、补偿功能和服务功能的产品很少,远远满足不了老年人的需求。同时中国涉老科技企业也很少,企业拥有专利数49599项,其中涉老专利仅4402项,在国外申请获得的涉老专利仅238项②,企业创新研发能力严重不足。因此,未来势必需要加大养老科技领域的人力和资金投入,积极利用物联网、大数据、人工智能等技术,加快养老科技领域技术研发与应用,着力利用科技的力量,突破为老服务品质提升的瓶颈。

① 2023—2028 年中国老年用品产业全景调查及投资咨询报告［EB/OL］. http://www.hxtsg.com/article/20220517/65743.html.

② 黄鲁成,邓颖,杨早立.新兴养老科技企业与中国发展对策［J］.宏观经济研究,2019(10):122-129.

第二章

共同富裕推动幸福养老

"幸福养老"，是继全面建成小康社会之后，实现共同富裕的应有之义。中共中央、国务院公布的《关于支持浙江高质量发展建设共同富裕示范区的意见》指出，实现共同富裕的重要目标群体包括全体老年人。可见，幸福养老是实现共同富裕目标道路上必须妥善应对的时代命题。

共同富裕的建设，对养老事业和产业赋予了新内涵、提出了新要求、指引了新方向。共同富裕可以推动养老事业和养老产业的高质量发展，让更多老年人共享发展成果，同时还能促进老龄观的重塑和老龄友好社会建设，为全体老年人幸福养老提供更好的精神支撑。

一、共富带来养老事业新机遇

养老事业是由政府提供的、以法律为保障、满足老年人基本生活需要的公共服务。养老事业的发展，不仅涉及亿万老年人及家庭的切身利益，也是一个需要不断探索和不断完善的过程。受制于经济发展水平，目前我国的基本养老基础保障水平不高、城乡基本养老服务供给存在差异、整体服务力量不足、老年人能够获得的社会福利还不高。共同富裕的推进，有利于国家随着经济的发展增加政府民生投入，有效缩小城乡服务供给差异，逐步提高基本养老保险、基本医疗保险、老年人福利待遇等，进一步提升我国老年人晚年生活保障水平，增进民生福祉。可以说，向共同富裕迈进，预示着我国养老事业将按下"快进键"，为新时代养老事业发展提供了新机遇。

（一）促进城乡同标　弥合城乡差异

城乡关系是经济社会发展中的重要关系。城乡二元制经济社会结构的本质特征，在于把全国公民分为了两类，使得城乡居民享有的社会福利不完全一样。我国从1978年党的十一届三中全会实行改革开放以来，城乡二元体制有所弱化，城乡关系出现重大调整，城镇化率逐步提高。其后，党的十六大明确提出了统筹城乡发展和城乡发展一体化战略，强调打破城乡二元经济结构，实现城乡一体化的发展格局。党的十八大以来，以习近平同志为核心的党中央，高度重视城乡关系。习近平总书记多次强调推进城乡发展一体化，既要显著缩小城乡区域发展差距和居民生活水平差距，也要逐步实现基本公共服务均等化①。基本公共服务城乡同标，是工业化、城镇化、农业现代化发展到一定阶段的必然要求，是全民共同富裕的显著标志之一。

2020年，党的十九届五中全会将"共同富裕"从一种理念转变为国家

---

① 决胜全面建成小康社会　夺取新时代中国特色社会主义伟大胜利——习近平同志代表第十八届中央委员会向大会作的报告摘登［EB/OL］. http://www.chinanews.com.cn/gn/2017/10-27/8362199.shtml.

发展目标。在共同富裕目标下,"十四五"规划纲要对推动城乡区域基本公共服务制度统一,提出了更高要求,并指出要推动标准水平城乡区域间衔接平衡,促进基本公共服务资源向基层延伸、向农村覆盖、向边远地区倾斜[①]。由此可见,未来一个时期,包括基本养老服务在内的基本公共服务体系建设,将更加注重城乡、区域服务水平差距的缩小,将持续推进公共服务均等化,并将其作为推动全体人民迈向共同富裕的重要抓手。

作为共同富裕先行示范区的浙江省,在 2020 年就提出在全省范围内,统一参保政策、统一缴费政策、统一待遇政策,进一步促进了基本养老保险、基本医疗保险、老年人福利待遇省内同标。为了保障省内同标,浙江省在早年建立了养老保险调剂金制度,充分发挥调剂金的余缺调剂和杠杆引导作用,为一些欠发达地区提供必要的基金支持。截至 2020 年,全省基本养老保险参保率达 98.4%,参保人数 4355 万人,基本医疗保险参保率 99.8%,参保人数 5557 万,老年人基本做到了应保尽保。60 周岁及以上人员养老待遇按时足额发放率达到 100%。实施了城乡一体化最低生活保障制度,2020 年末,全省在册低保老人 22.3 万人,全省最低生活保障标准从 2015 年的人均农村 570 元/月、城镇 653 元/月,提高到 2020 年底城乡同标的 886 元/月。2020 年,根据社会整体生活水平的提高状况,省民政厅会同 10 个部门修订出台《浙江省社会救助家庭经济状况认定办法》,对低保边缘家庭放宽了收入财产限制,允许家庭成员名下有一辆价格低于当地规定标准的机动车,并率先全国实现低收入农户与低保边缘户经济状况认定标准"两线合一",使低收入农户可同时享受救助兜

---

① 李实,杨一心.面向共同富裕的基本公共服务均等化:行动逻辑与路径选择[J].中国工业经济. 2022(2):27-41.

底和扶贫帮扶。同时,在全国率先实现了覆盖城乡、惠及全体老年人的社会保障体系,以及乡镇(街道)养老服务中心、社区照料服务中心等养老服务设施城乡全覆盖。2021 年,为了提高城乡居民健康水平,推动人的全生命周期公共服务优质共享,浙江省提出了《浙江省城乡居民"三免三惠"健康行动实施方案》,每年为 70 周岁以上的本省户籍居民,提供一次流感疫苗免费接种服务,以降低流感疾病负担和病死率;为 50 至 74 周岁的本省户籍居民,提供 5 年一次的结直肠癌筛查;为 65 至 74 周岁居民医保参保人员中的慢性阻塞性肺疾病目标人群,提供 5 年一次的免费肺功能检查;整合统一农民健康体检和城镇居民健康体检的项目内容、体检频次和补助经费,实行城乡同质同标的免费健康体检制度(在体检标准上,统一将农村老年人 50 元、一般人群 30 元的体检标准,改为与城镇一样的 90 元标准);推出"海岛支老 一起安好"以及"山海协作工程",由经济发达地区对口支援海岛和 26 个山区县,着力推进基本公共服务的均等化。

相信随着各地经济的发展,浙江省的这些先行措施和政策,也会在各省市广泛地推行,从而逐步弥合城乡差距,实现基本养老服务城乡同标。

(二)增加财政补贴 增强服务力量

在共同富裕的发展背景下,随着我国财政收入的增加,政府在进一步增加基本养老服务供给、提升基本养老服务水平的同时,也会有能力进一步提高对普惠性养老服务和养老服务从业人员的补贴,从而进一步调动社会和各类人员参与养老服务的积极性,吸引更多专业人员和社会组织、企业进入养老服务领域,进一步增强服务力量;同时也将有助于调整服务人员素质结构,进一步提高养老服务质量。

例如,先富起来的浙江省为了推进和完善社会养老服务体系建设,保障失能、失智、高龄、独居等弱势老年人享有更好的养老服务,于2012年率先在全国建立了统筹城乡、贯通机构居家的养老服务补贴制度,城乡一体实施,老年人不区分户籍,享受统一的补贴标准;率先建立社会养老服务体系建设省级专项资金,重点用于养老服务补贴、养老机构建设、居家养老服务设施建设和鼓励发展民办机构等,并向农村和欠发达地区倾斜。同时,随着经济的发展,逐步提高补贴标准和专项资金预算。"十三五"期间,浙江省省级财政共安排下达养老服务体系建设补助资金38.63亿元,浙江省各级财政共安排养老服务资金123.37亿元。据统计,浙江省财政资金54%用于养老机构建设和设备设施补助,25%用于公办养老机构和社区照料中心运营补助,15%用于养老服务补贴,6%用于护理员队伍和信息化建设。正是在社会养老服务体系建设省级专项资金和养老服务补贴制度的强力保障下,浙江省的社会化养老服务一路推进。截至2020年末,全省共有各类养老机构2299家,床位45.46万张;其中民办养老机构1580家,床位30.95万张,民办养老床位占总床位的68.08%[①]。公办养老机构834家,其中公建民营的495家,占59%。民营机构在浙江省社会养老服务领域成为主力军。

从业人员专项补贴的提高,对专业人员的吸引力也显而易见。为了吸引和留住养老服务人才,浙江省从2013年起,就逐步提高养老护理员福利补贴,对在浙江从事养老服务工作的毕业生发放入职补贴,中职毕业生奖补金额为2.1万元,专科(高职)毕业生2.6万元,本科及以上学历毕

---

① 参考浙江省民政厅《浙江省2020年老年人口和老龄事业统计公报》。

业生4万元。截至2020年底,浙江省每万老年人拥有持证养老护理员16人。2021年,浙江省民政厅联合财政厅进一步加大对养老护理人才队伍建设的支持力度,将中职毕业生奖补金额提高到3万元,专科(高职)毕业生的奖补金额提高到4万元,本科及以上学历毕业生的奖补金额提高到5万元。发放年限从此前从事相关工作满5年后发放,改为服务满3年发放30%,满4年后发放30%,满5年后发放40%。奖补发放对象范围,从原先的非营利性养老服务机构内的养老护理员,扩大到养老服务机构内从事医疗保健、康复护理、营养调配、心理咨询、技术培训、能力评估等工作的人员。提高补贴后,不到一年时间,2021年底每万名老年人拥有持证护理员数已达18.26人。

养老护理人才的培育,是一个周期长、投入大的工程,组织培训和认定都需耗费大量的人力、物力和财力。随着经济实力的提高,财政可加大对养老护理员的培育支出,补齐养老护理员数、质量短板,强化"工匠型""高精尖"护理人才队伍建设。例如,浙江省从2019年起,为了支持与鼓励企业和社会组织兴办职业技能培训机构,鼓励职业院校、高校到县(市、区)设立培训点开展技能培训,政府对相关培训项目,给予先行拨付50%培训补贴资金的支持。仅2019年,全省就开展养老护理知识技能培训1120场次,培训养老护理人员达2万人次,有力地推动了养老护理员队伍的数、质量提高。

(三)提高老年福利 增进民生福祉

把高质量发展与满足人民美好生活需要紧密结合起来,是我党矢志不渝的追求。《中共中央关于制定国民经济和社会发展第十四个五年规划和二〇三五年远景目标的建议》,提出了 2035 年"人民生活更加美好,人的全面发展、全体人民共同富裕取得更为明显的实质性进展"的远景目标。因此,在共同富裕的过程中,随着经济的发展,逐步提高老年人的社会福利,从而提高全体老年人的幸福感,是共同富裕发展中的应有之义。

基础养老金将持续提高。在经济快速发展的同时,将深入贯彻以人民为中心的发展理念,坚持在发展中保障和改善民生,在建立"参保对象全覆盖"的基本养老保险制度的基础上,推动养老金水平随经济发展逐步提高,确保参保居民共享经济社会发展成果。例如,浙江省的城乡居保基础养老金最低标准从 60 元起步,已经 7 次调整提高,2020 年达到 165 元(同时期国家标准调整了 3 次,目前为 93 元)。535 万余老年人领到了基础养老金,养老金待遇从 2010 年的人均 75 元/月,提高到 2020 年的 286 元/月,增长了 2.8 倍。为解决保障水平较低、待遇确定和正常调整机制尚未健全等问题,浙江省人力资源和社会保障厅、省财政厅还出台了《关于建立城乡居民基本养老保险待遇确定和基础养老金正常调整机制的指导意见》(浙人社发〔2019〕57 号),建立了城乡居民基本养老保险待遇确定和基础养老金正常调整机制,为基本养老待遇水平的持续提高提供了制度保障。

基本养老服务将进一步扩面。随着经济的发展、财政收入的增加,政府也将进一步扩大基本养老服务面,使经济发展的成果惠及更多的民众。例如,根据浙江省的规划,"十四五"期间,浙江省将从实际财政承受能力出发,制定明确规范基本养老服务对象、服务内容、服务方式、服务标准和责任对应主体的基本养老服务清单,将基本养老服务由碎片化向整合清单化转变,对活力老人、半失能老人、失能失智老人、经济困难老人等不同老年群体,分类分层提供生活照料、康复照护、社会救助等优质适宜的为老服务,并根据经济社会和科技迭代发展进行动态调整。同时,过去浙江省政府的养老服务工作,主要关注的是特困、低保低边、高龄等特殊老人的兜底保障,对普通中低收入家庭面临的养老困境还存在制度支持不足的问题。未来,随着经济社会的不断发展,浙江省将不断扩大基本养老服务对象涵盖范围,加大公益性、普惠性养老服务供给,减轻中等收入家庭的养老压力,将基本养老服务对象逐步由特殊群体为主向普通群体转变,在养老服务普及普惠上不断创新实践,让建设成果更多更好地惠及广大人民群众。

聚焦失能失智长期照护服务。为迎接长寿时代的到来,积极应对高龄化必然带来的失能失智化现象,解决人民的后顾之忧,政府未来会更加聚焦于推进长期照护服务能力的提升。例如,"十四五"期间,浙江省将聚焦失能失智及高龄老人长期照护需求,加快建设以政策性长期护理保险为支撑、商业性长期护理保险为补充的多元长期护理保障体系。深入推进长期护理保险试点,逐步增加参保人数,积极争取国家授权同意全省域开展长期护理保险试点工作;加快建设政府、企业和个人三方共同承担的缴费机制,根据全省长护险运行成本、政府财政负担能力以及社会经济发展水平等综合因素,确定缴费比例,统一标准、规定最低保障水平,同时允许各地市结合当地实际情况进行适当调整;不断扩大长护险覆盖面,城乡一体统筹协调发展,让失智失能老人能得到实惠便捷、专业高效又有尊严的服务。推进养老服务市场专业照护供给侧改革,强化公办养老机构(含公建民营)的公益属性,打破"一人失能,全家失衡"的符咒。大力推进养老机构结构性调整,聚焦失能失智和高龄老年人长期照护需求,提升养老机构护理型床位占比,推进养老机构认知障碍专区建设。计划到2025年,全省养老机构护理型床位数占比达到58%以上,每万老年人拥有养老机构认知障碍床位达到20张以上①,优先保障经济困难的孤寡、失能、失智、残疾、高龄和计划生育特殊家庭等老年人的服务需求,为需要长期照护的失能失智老年人家庭提供低偿的喘息服务和市场化的长期照护服务。

打造更为适宜的老年人健康支撑体系。促进"以疾病为中心"向"以健康为中心"转变,是实现健康老龄化的必然要求,加快构建并不断完善全人全程老年健康管理体系,全方位守护人民生命健康,也是未来民生事业发展的重要内容之一。因此,未来的公共卫生和基本养老服务,会着力加强老年人健康教育,利用多种方式和媒体媒介,广泛开展健康教育和健康科普宣传,引导老年人形成健康生活方式和良好生活习惯,加强对老年人常见病、慢性病的健康指导,全面提升老年人健康素养;完善健康体检制度,建立重点疾病早筛早诊早治制度,适度提高老年人体检标准,推进老年认知障碍等神经退行性疾病的早期筛查和干预,为65岁以上老年人实施慢性病全周期健康管理;建立统一规范的老年人健康评估和功能维护机制,实施针对口腔、眼睛、营养、心理等老年健康服务专项行动;进一步加强老年专科与老年健康服务机构建设,补强老年人健康服务短板,鼓励建设包括康复医院、护理院、安宁疗护、心理咨询等老年健康服务机构;完善乡镇(街道)养老服务中心医康养服务能力,加强基层医疗服务能力,完善家庭医生签约服务,加快提升慢病管理能力,丰富上门医疗服务内

---

① 参考《浙江省老龄事业发展"十四五"规划》(浙发改规划〔2021〕198号)。

容,以更好地满足老年人群就近就便就诊需求。通过老年健康支撑体系建设,人均预期健康寿命有望进一步延长,65 岁老年人两周患病率、同一年龄段的失智失能率逐步下降,从而更好地满足老年人无疾而终的离世愿望。

二、共富打开养老产业新空间

根据《中国老龄产业发展报告(2014)》,老龄产业是指以保障和改善老年人生活、健康、安全以及参与社会发展,实现老有所养、老有所医、老有所为、老有所学、老有所乐、老有所安等为目的,为社会公众提供各种养老及相关产品的生产活动集合。国家统计局公布实施的《养老产业统计分类(2020)》,则将养老产业范围确定为:养老照护服务、老年医疗卫生服务、老年健康促进与社会参与、老年社会保障、养老教育培训和人力资源服务、养老金融服务、养老科技和智慧养老服务、养老公共管理、其他养老服务、老年用品及相关产品制造、老年用品及相关产品销售和租赁、养老设施建设等 12 个大类。简单地说,老龄产业或养老产业,是以老年人为服务对象,提供各类为老服务的经济活动的集合,如图 2-1 所示。

在我国,从供给的角度看,老龄事业是指以政府为主提供的具有公益、普惠、兜底性质的基本养老服务和产品;老龄产业则是指通过社会力量提供的具有多样性、营利性、竞争性的非基本养老服务和产品。从需求看,老龄事业主要是针对老年人基础养老需求,而老龄产业则是满足更为高阶或个性化的需求。从发展进程来看,社会往往是先发展履行兜底性职责的老龄事业,而后走向老龄事业和产业"双业并举"的发展阶段。

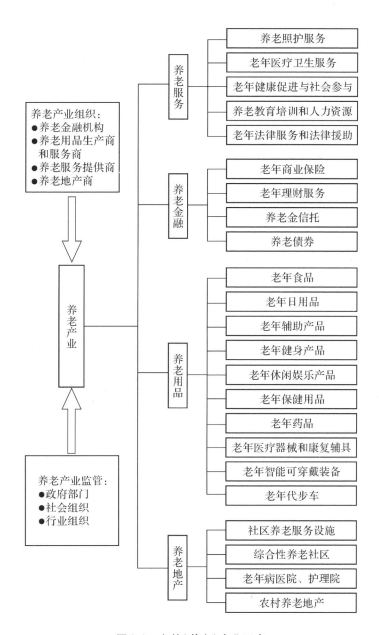

图 2-1　老龄(养老)产业示意

随着老龄化程度的不断加深、人民群众富裕程度的不断提高，老年人的高阶、优质和个性化需求必然急剧扩大。共同富裕将促进老年群体消费观念的改变、带来更强的购买力，为老龄产业带来更大的市场，吸引更多的企业进军老年消费和服务市场，促进老龄产业细分市场的形成，并增强企业进行老年产品和服务研发创新的动能，从而形成老龄产业发展新格局。

（一）提升消费能力　扩展老年市场

产业市场规模 = 服务对象规模 × 购买力 × 购买动机。根据第七次人口普查数据，2020 年，全国 60 周岁及以上人口约 2.68 亿，占全国人口的 18.87%。在 60 周岁及以上老年人口中，60 ~ 69 周岁的低龄老年人口 14740 万人，占比为 55.83%；70 ~ 79 周岁老年人口 8082 万人，占比为 30.61%；80 周岁及以上老年人口 3580 万人，占比为 13.56%。不仅老年人口基数庞大，而且以低龄老年人口为主。在 2020—2040 年，我国 60 周岁及以上人口将以每 5 年增加 5000 万以上的速度急剧增加，预计 2025 年 60 周岁及以上老年人将突破 3 亿，2030 年 60 周岁及以上人口比例将超过 25%，2033 年将突破 4 亿，2040 年 60 周岁及以上人口比例将超过 30%，2050 年将超过 35%；2053 年将达到 4.87 亿的峰值。其中 80 周岁以上高龄老人在 2045 年左右将超过 1 个亿。我国 60 周岁以上老人失能或部分失能的比例大约占老年人口的 17% ~ 20%，2020 年需要照护的失能老人 4000 多万，2020—2030 年，每 5 年的增长率在 20% 以上，到 2050 年可能会接近 1 亿。因此，从服务对象绝对规模看，老年人消费市场和照护服务市场在未来都将迅速扩大。

从购买力和购买动机的角度分析,50后、60后这些新一代老年人,与现在30后、40后老年人群体相比,不仅所受教育程度较高、对互联网的运用较为熟悉,而且由于赶上了中国改革开放、经济快速增长的四十年,他们大多拥有自己的住房,由于纳入了社会保障范围,在退休后也能每月获得固定的退休金,加上他们大多是第一批独生子女的父母,所以现有的老人,有相对更强的支付能力、更积极的消费意识、更高的服务要求,对社会化养老服务也有更多的期盼。

在共同富裕的大背景下,随着基本公共服务均等化的推进、政府民生支出的持续增加、全民小康水平的持续提高,居民在教育、医疗和住房等方面的生存型支出会降低,健康、娱乐、旅游、社交、育儿养老方面的支出会进一步增加。而居民可支配收入的持续增加和橄榄型收入结构的形成,也将支撑国内老年消费市场的持续扩容。根据《大健康产业蓝皮书:中国大健康产业发展报告》,老年人消费规模测算结果显示,2025年、2030年、2035年、2040年和2050年的老年人口总消费,分别将达到11.36万亿元、18.33万亿元、26.81万亿元、36.36万亿元和61.26万亿元,市场消费前景不容小觑。

消费能力提升和老年人口扩大而带来的老年市场的激剧扩容,将极大地刺激社会资本投入养老产业,从而推动养老产业的发展,为老年人带来更多、更好的适老产品和服务,让老年人的需求能够得到更好的满足。

(二)催生新兴产业　更好满足需求

养老产业包括第二产业和第三产业的各个领域,产业辐射面广、行业关联性强。养老产业的核心行业是养老服务,支柱行业包含老年日用品、老年医疗、老年娱乐、养老地产、养老金融业等。在老年消费市场持续扩大的前提下，政府政策支持与资本青睐等多方因素，将为养老产业带来巨大驱动力，促进各行各业进军老年市场，与老年服务多业态深度融合发展，涌现出更多老年消费领域的新业态、新商业模式，为老年人带来更多更新的产品和服务。

在制造业方面，工信部在 2020 年印发的《促进老年用品产业发展的指导意见》中指出，以老年人为服务对象，提供老年服装服饰、日用辅助产品、养老照护产品、康复训练及健康促进辅具、适老化环境改善等产品的制造业，是老龄产业的重要组成部分。随着共同富裕对老年人生活质量的提升，广大老年人对老龄用品的刚性需求不断扩大，到 2025 年，老年用品产业总体规模将超过 5 万亿元。市场需求的空前庞大，将吸引资金流入老年用品制造业，聚焦关键技术和产品的研发、成果转化、服务创新及应用推广，促进老年用品制造业创新升级。除传统的老年用品外，老年教玩具、老年科技辅具、老年用运动器具、老年安全用品、陪护机器人等将在未来脱颖而出，从而更好地服务于老年生活。

在服务业方面，物质基础的丰富，提高了老年人对精神文化的需求和优质养老服务的关注度，因此将促进更多针对老年人的精神文化产品和多元化优质养老服务新形态的出现。目前越来越多的养老服务机构不仅提供生活照料、膳食服务等服务，还提供医疗保健、康复护理以及文化娱乐活动等服务，并催生了养老＋教育、养老＋旅游、养老＋养生、互联网养老院、家庭养老院等各种养老服务新形态。在老年教育、老年旅游、老年文娱等持续发展的同时，新兴业态不断涌现，新的技术也加快应用。老年智能教育、老年游戏、一键式老年医疗服务、老年人再就业中介服务等逐步发展。物联网、大数据、云计算、人工智能等现代信息技术融入养老产业,促使养老服务走向互联网化、智能化、个性化,老年人的需求将得到更好满足。

在金融业方面,完善社会收入分配制度作为实现共同富裕的核心战略被多次强调,而养老金融能够促进财富在不同代际之间、群体之间合理有序地转移,与调节收入再分配的社会保障制度具有长期的逻辑一致性[1]。进入共同富裕阶段,在社会保障和生活条件不断改善的情况下,老人生活习惯更健康,再加上医疗水平日臻进步,人口寿命普遍得以延长,预计到 2025 年中国人均预期寿命达 78.3 岁[2]。"高龄化"让老年人群都面临着财富可持续性的挑战。因此,除了财富积累之外,更迫切需要实现财富保值增值,避免出现"老后破产"的窘境。这就导致老年人在支付、储蓄、理财、信托、保险、公募基金等养老金融产品方面的需求相当旺盛,从而促进了商业养老金融产品的丰富和市场的扩大。同时,我国养老金融供给侧改革正在加速破局,2021 年 9 月,银保监会发布《关于扩大养老理财产品试点范围的通知》,给探索养老金融投资新思路、重塑养老金融格局带来了机遇。因此,更多的老年金融创新产品将在未来出现,为老年人及其家庭带来更多的财富保值增值的选择,从而更好地保障老人的晚年生活。

(三)培育科创动能　促进健康长寿

步入共同富裕阶段,老年群体对养老服务的需求,从保障生存型转向

---

[1]　张明,刘瑶. 金融三方面助力实现共同富裕[J]. 中国金融,2021(17):32-34.
[2]　参考国家《"十四五"公共服务规划》(发改社会〔2021〕1946 号)。

改善发展型,老人们将更多地追求健康长寿,从而对养老服务及其产品都将有更高的要求。加强科技创新,以科技的力量为老年人保驾护航、延年益寿,引领产业优化升级、提质增效,将成为今后养老产业发展的主要发力点。

例如:与健康长寿紧密相关的全人全周期的健康管理、基因检测、疾病预防、慢病管理以及相关治疗药物研究、个性化检测设备、科技辅具等,都离不开科技的进步。老年人作为养老产业的主要服务对象,科技产品能够帮助他们保持健康、延续衰老、补偿部分失能、增强自理能力,物质条件的提升也使他们愿意并有经济能力利用科技产品维持独立和高质量的生活。老年人的这种需求,将激发科技创新的无限潜能。

众所周知,科技产品的研发,需要大量人才、资金的投入。以往,企业和政府受制于经济实力,科技投入强度有限。进入共同富裕发展阶段,企业为了满足日趋强烈的健康长寿需求,将愿意投入更多的资金和人力,用于研发相关的产品,为老年人提供更多可穿戴设备、早筛技术、个性化诊断技术,更有效的康复护理器具、治疗技术和药物、保健和营养食品,更适用的科技辅具、游戏玩具、锻炼器具等。先富起来的龙头企业,也可以带动中小企业,形成全产业链共同发展的科技创新生态圈,共同推进老年科技产品的研发。同时,政府也会考虑设立老龄科技攻关专项计划,加大对老龄科技研发的扶植和投入,高校、企业、科研院所等主体的创新活力将得到进一步激活,从而促进更多的科技产品的涌现,更好地让科技造福全体老年人。

此外,研发投入所形成的科技产品,在满足市场需求的同时,也可以增加企业积累,进一步促进企业的科技投入,形成增加研发投入——推出老龄科技产品—满足老人需求—增加企业积累—进一步增加研发投入的正循环。

三、共富树立敬老孝老新风貌

"仓廪实则知礼节,衣食足则知荣辱",物质财富不断丰富,为人民精神境界的不断提高提供了基础。老人不再过分担忧生活能否有保障,才会树立更积极的生活态度和心态,并进一步致力于精神需求的满足;子女不用再拼命只顾赚钱养家糊口,就会有更多时间陪伴和照护家中老人;人们在能够过好自己生活的同时,也会有更多时间和精力关注和帮助他人。对于老年人来说,能够自得其乐,获得家人陪伴、社会关爱,安享晚年,就是美好生活的实现。

(一)乐活乐享　奋发有为

人在基本生存条件得到保障与满足的情况下,会更加关注生活质量,关注健康状况,也更独立自我。对于老年人来说,更是如此。老年人退休之后,由于离开了工作环境,又缺乏充足的经济实力和消费能力,容易局限于维持日常生活,产生离群感和孤独感。共同富裕,为"乐活乐享"提供了坚实的基础。

"乐活乐享"在于积极生活态度的树立。共同富裕的实现,意味着物质生活条件(养老金或其他经济来源)得到了基本的保障。当人们不用再为一日三餐而发愁时,社交、兴趣、娱乐、学习、价值创造等更高层次的需求随之产生,且逐渐占据主导地位。老年人可以根据自己的个性和爱好,选择进行适合自己的工作、旅游或娱乐活动。而这些活动,也将帮助老年人减轻抑郁,减少孤独和无用感,减缓衰老。

"奋发有为"在于晚年人生价值的追求。马斯洛需求理论认为,人的五大类需求长期存在,与年龄无关,与阶层无关,但与每一层次的需求实现程度有关。当老年人的生存需求、安全需求、社交需求等得到基本满足之后,尊重和自我价值实现的需求会随之提高。在我国60岁及以上人口中,60—69岁的低龄老年人口占55.83%。这些低龄老年人中,越来越多的人具有知识、经验、技能的优势,而且身体状况良好,发挥余热和作用的潜力较大。共同富裕不仅为老年人延年益寿创造了良好的条件,而且由于不用担心生计和养老问题,也让他们能够腾出更多时间重新回归社会,发挥余热,寻找自我价值的实现。

总的来说,共同富裕的实现,有助于促进老年人树立积极老龄观,不再因年华老去而悲观失落、被动养老。他们将主动融入新的圈层和生活方式,把更多时间和精力倾注在自我和社会价值实现上,追求理想、发挥余热。

(二)相亲相爱 和乐陪老

在当前甚至今后相当长的一段时间内,子女仍将是养老的主体责任人。"百善孝为先",孝敬父母是中华民族的传统美德,让老人安度晚年是每个子女的责任。孝不仅是生活上的一种赡养,更是一种敬爱之情、精神沟通和心理慰藉。

共同富裕将促进子女孝亲陪老。父母在,人生尚有来处,父母去,人生只剩归途。人生最遗憾的事情,莫过于"子欲养而亲不待"。赡养老人需要子女承担更多费用,在经济不够富裕时,子女外出务工现象更为普遍,选择工作地点时也更倾向于经济发展速度快的地区,这在一定程度上造成了老人独守空房;即使生活在一起,当子女忙于为生计奔波时,就意味着除了为父母提供一定的生活照料外,鲜少有时间陪伴老人。随着社会养老体系的完善和基本公共服务的普及提高,家庭育儿养老的总体成本有望降低,家庭经济压力减轻。在经济压力降低的情况下,人们可以不再单纯地只顾赚钱,子女可以有更多的时间常回家看看,耐心地听取老人的唠叨和叮咛,缓解他们的孤独,丰富他们的精神生活。

共同富裕有利于增进代际关系和谐。"不想拖累子女""最害怕生病,增加孩子的负担",是中国父母的真实写照。对于他们而言,比起年老,他们更害怕生病;比起死亡,他们更怕给孩子添麻烦。所以当他们需要子女帮助时,常常不会主动开口。加上缺乏健康管理知识,往往小病拖成大病,不仅给自己,同时也给子女带来更多的困扰。相比老人,儿女也往往更加关注自己的子女。而在新的发展阶段,随着各类保障、医疗卫生、健康管理、养老服务的逐步完善,老年人自身没有了后顾之忧,就会更多地关心子女、关心第三代,子女也可以腾出更多的精力关注老人、陪伴老人,让老人感受到来自儿女的关心,代际关系更趋亲近。

共同富裕有利于营造家庭和睦氛围。啃老现象在"421"家庭结构中尤为明显,"啃"与"被啃"的双方似乎都觉得理所当然。囿于现实和经济的压力,子女将超出自己负担能力的问题转嫁给父母,而老人为儿女竭尽全力地付出,就算砸锅卖铁也要帮子女的忙。父母为了多挣点钱,付出了自己的健康。到了晚年,子女也没有能力负担父母养老、治病的费用,反而埋怨他们拖后腿。多子女家庭间则更容易因为经济实力一般,导致在父母赡养问题上互相推诿。这些问题，都会在一定程度上影响家庭成员之间的和谐相处。随着共同富裕的实现，子女的经济能力大幅改善，收入丰厚、无需依靠老人供养自己的小家庭，将本该压在自己身上的责任往上一代传递。没有了太大的经济纠葛，兄弟姐妹间也能有商有量，共同分担赡养义务，家人之间不算计、不贪心，从而营造出和睦温馨的家庭氛围。家和万事兴，家庭的和睦，使老年人得以享受天伦之乐，将进一步促进老年人的健康长寿。

家是最小国，国是千万家。共同富裕有利于建立相亲相爱的家庭关系、培养向上向善的家庭美德，从而推动中华民族的传统孝亲美德发扬光大，将尊老爱老陪老的风气一代一代地传承下去。

（三）吾老及老　互帮互助

"老吾老，以及人之老；幼吾幼，以及人之幼。天下可运于掌。"（出自《孟子·梁惠王上》）。古人早就为我们勾勒出了和谐社会的基本形态，那就是人人要尊敬自己的老人以及其他人家的老人、爱护自己的小孩和其他人家的小孩。这道理说起来简单，却是几千年来人们难以企及的一个道德高点。如果说这样的境界只是思想家的一个理想的话，那么共同富裕就为这种理想的落地提供了可能。

穷则独善其身，达则兼济天下。随着经济财富的增长，慈善捐款通常也会增加。以先富起来的浙江省为例，截至2021年，全省在民政部门登记认定过的慈善组织，总共是1056家，居全国第二。浙江全省慈善信托的规模是10.82亿，居全国第一。未来浙江省还将不断引导和支持社会力量参与社会救助，充分发挥多元社会力量，鼓励开展面向老年人的慈善公益活动。通过积极培育慈善组织、完善企业和个人捐赠激励政策、发展慈善信托等方式,促进慈善事业快速发展,可充分发挥慈善的第三次分配作用,倡导大爱无言的社会风尚,构建互帮互助的社会和谐关系。

物质水平提升,精神境界也会随之提高。人们在自己生活无忧的情况下,会更乐于帮助他人。"志愿服务是社会文明进步的重要标志。"共同富裕将激发广大群众参加志愿服务的热情,感召更多爱心人士投身养老志愿服务工作,吸引低龄活力老人参与"银龄互助"活动,为高龄、失能、空巢等老年人提供日常探视、生活照护和应急救助等服务,从而在一定程度上弥补养老服务人员的不足,让更多的老年人获得更好的关爱和照顾。

"家家有老、人人会老。"老人一旦走出家门,并非都能由家人陪着,能否得到优待,只能取决于社会"尊老"的环境,取决于社会"优待老人"的制度安排。迈进共同富裕,使政府得以投入更多资金,推动政府、社会、家庭、个人积极参与老龄友好型社会建设,致力于打造一个尊老、敬老、爱老、宜老的美好社会环境,让老年人生活得更安心、舒心、顺心。

综上所述,共同富裕将助推养老事业和养老产业高质量发展,推动积极老龄观的普及和老龄友好社会建设,为老人福寿安康,奠定更好的基础。

第三章

新式养老促进共同富裕

从中华文化中共同富裕思想的萌芽,到空想社会主义者对共同富裕的理论假想与局部试验,再至马克思主义者对共同富裕的科学化以及方向道路的明晰,到如今中国特色社会主义对共同富裕的理论开拓与实践探索①,不可否认的是,共同富裕本就是一个"知不易""行更难"的目标与过程。践行并实现"共同富裕",任重道远。

一方面,共同富裕促进了幸福养老。随着国家经济实力的增强、全民收入的增加,我们可以逐步扭转"未富先老"所带来的各种问题,通过完善多层次的全民社会保障体系、提升养老服务体系、健全健康支撑体系,大力推进养老事业和养老产业的协同发展,着力构建老年友好社会,让全体老年人拥有更加美好的幸福晚年生活。

另一方面,共同富裕过程中的新式养老,也能有效促进城乡公平,提升精神文明,推动和谐社会的形成;通过老龄产业的大力发展,形成新的经济增长点,推动国家经济发展,增加国民创富机会,在全民共建共享新

---

① 陈友华,孙永健.共同富裕:现实问题与路径选择[J].东南大学学报.2022,24(1),100-108,147,149.

式养老服务体系的协同行动中,向共同富裕目标迈进。

一、共同富裕下的新式养老

基于第一章中所阐述的共同富裕下的养老新特点,在我们走向共同富裕的过程中,也会形成"五力祐老"新模式。

所谓"五力祐老",是指在未来的养老服务体系构建过程中,政府、企业、家庭、社会和科技这五方面的力量,将各司其职,协同推动符合老年人幸福养老需求的养老服务体系的形成,让全体国民都能享有"方便可及、优质多元、全人全程"的养老服务。

(一)政府主导　企业服务

在我国,政府是养老服务政策规划的主导者、基本养老服务的提供者、养老产业发展的推动者。党和政府在养老服务体系的建设中,通过各类规划,全面系统地确立养老服务体系建设阶段性目标要求、基本原则、主要任务和保障措施,前瞻性地对老龄工作进行顶层设计和统筹协调;充分发挥政府在制定政策、确定目标、统筹规划、资金投入、典型示范、监督管理等方面的主导作用,通过确立基本养老服务清单、加强社会保障体系和健康支撑体系建设、规范发展养老事业,为民众提供基本养老服务;通过营造良好的氛围,着力打造"高度开放、公平竞争、稳定透明"的营商环境,推动养老产业发展,引导社会各方面力量做好养老服务工作。例如,通过"公建民营、购买服务"等方式,引入社会专业养老服务机构或人才,提高政府公办养老机构或基本养老服务的服务水平;通过"服务补贴、政策优惠"等方式,引导社会和企业为普通老百姓提供付得起的普惠性养老服务;通过"降低门槛、提升服务、配套政策",鼓励和引导社会和企业提供多样化的市场化养老服务等。

企业是多层次养老服务的供给者、老年用品的制造者、养老产业发展的主力军。企业通过精准定位老年需求,寻找市场空白点、研发老年新产品、占领细分新市场,为老年人提供多样化、多层次的养老产品或服务;通过参与政府招投标项目,进军养老事业领域,为基本养老服务提供专业支撑;通过创新和运用新一代信息技术,与养老产业深度融合,提供更多更好的适老产品和服务,更好地满足老年人不断增长的个性化养老服务需求。

通过"政企协同",养老产业与养老事业的协同发展,可化解养老资源供需矛盾,建立面向兜底保障人群的"政府清单式、标准化供给"的政府托底型养老服务,面向普通老百姓的"政府补贴、多元供给"的政府和个人共担的普惠型养老服务,以及以满足多样化、个性化、高品质养老服务需求为目标的"市场主体供给,个人付费享受"的市场型养老服务,使不同经济条件、家庭背景的老年人都能享受到"多元多层多样"的优质养老服务。

（二）家庭自主　社会协力

家庭是老年人生活的港湾,是老年人的情感寄托,是老年人晚年生活的法定责任主体和决策与实施主体。家庭是指由婚姻、血缘或收养等关系所组成的社会生活基本单位。在传统社会中,家庭承担着经济协作、生儿育女、赡养老人等多重职能。尽管相对健全的社会保障体系和社会化养老服务的出现,代替了部分家庭养老功能,在一定程度上削弱了家庭的养老保障和养老服务职能,但无论如何,家庭所独有的情感慰藉、满足归属需要等职能无可替代,在这方面,家庭具有不可比拟的天然优势。从家庭养老走向社会化养老,是社会发展的必然趋势。但是,无论采取何种养老方式,都离不开家庭的决策和参与,家庭在当前乃至今后相当长的时间内,仍将在养老服务中发挥基础性作用。因为绝大多数老年人大部分的时间生活在家庭,对家庭成员比较熟悉,安全感较强,因而家庭提供养老服务更受老年人的欢迎;家庭成员是重要的养老服务提供主体,尽管社会养老服务在一定程度上对家庭养老服务有所替代,但并不能达到完全替代,而是相互补充;同时,家庭提供养老服务具有不可比拟的优势,尤其是在精神慰藉方面,家庭拥有天然的情感优势,家庭成员对老人的生活习惯、脾气秉性的了解,也有助于为老人提供更加个性化的养老服务①。因此,在未来,需要切实发挥家庭基础性作用,老年人要树立积极的老龄观念,家庭成员要切实履行赡养老人的职责,根据家庭能力和老人意愿,选择适当的养老方式,同时注重进一步促进代际交流,增进家庭关系和谐,给予老人精神慰藉和家庭归属感,让老人在尽享天伦之乐中欢度晚年。

社会组织则是为老服务的重要补充,是汇集慈善资源和志愿力量的平台,是建设老龄友好型社会的重要力量。社会组织既能够利用政府资源,又可以吸引市场资源,还可以最大限度地调动社会各方面力量,既有公益性又有提供差异化服务的能力,可以弥补政府、市场、家庭力量的不足,为老年人提供低成本、高效率、高质量的为老服务。慈善捐赠、公益和志愿活动的开展,也有利于普及敬老孝老价值观,推动老年友好社会的共

---

① 龙玉其,张琇岩.家庭在养老服务中的作用:传承、变迁与展望[J].河北大学学报,2019,44(6).

建共享。

（三）科技助力　安享晚年

科技可以促进健康长寿、促进相互协作、推动服务提质增效、推动产品提档升级。科技的发展，能够让我们更好地了解如何健康养生、更早地发现疾病和治疗疾病、更快更好地康复和锻炼；可穿戴设备的运用、数据的链接和打通、大数据平台的形成，可以促进政府、市场、社会、家庭等主体之间的数据共享，有利于实现多元主体间的相互支撑、相互协作，让老人能够就近就便、一键获得多元多样受控的服务；科技辅具可以提高老人的自主生活能力，提高护理人员工作效率和降低护理人员劳动强度，实现养老服务供给的优化和升级。另外，借助科技手段，可延展养老服务的时间和空间，动态、实时地收集养老服务需求，提高养老服务供给和需求的精准性，让老年群体享受到科技应用带来的便捷与乐趣，变"养老"为"享老"。

老年人的今天，就是我们的明天。养老服务关乎全体人民的幸福。在养老服务体系的构建中，政府发挥主导作用，承担"保基本、建机制、强监管"的职责；企业发挥市场的力量，承担提供各类优质养老产品和服务的职责；家庭发挥基础作用，是养老的第一责任主体，承担提供经济资助、给予生活照料和精神慰藉、选择与购买社会养老产品和服务的职责；社会组织凝聚社会慈善和志愿力量，弥补政府、企业、家庭力量之不足，扶弱补缺、救急解困；科技则通过为上述四个主体赋能助力，提升服务质量、提高服务效率、满足新的需求。五力环环相扣，形成一个"以政府为主导、企业为主体、家庭为核心、社会为辅助、科技来赋能的新式养老服务体系"，合力为老年人提供幸福养老服务,并在创新养老服务体系的高质量发展中,促进人民物质和精神生活的共同富裕。

二、新式养老促进物质共富

以老年人为服务对象的养老服务,涵盖老年人衣食住用行等各方面需求,涉及除第一产业之外的方方面面。加之中国老年人口的庞大基数、未来的迅速增长,随着富裕水平的提高和老年人消费观念的转变,老年市场必然会在拉动消费、促进经济发展等方面发挥重要的作用。在老龄化较早、老龄化程度较高的日本,老龄产业是其国民经济支柱产业之一。可以相信,在未来,老龄产业也将成为中国经济发展新的增长点和国民经济支柱产业之一,并为国民创富带来更多的机会。

(一)促进老龄产业　拉动经济增长

经济不兴,则百姓不富,经济发展是共同富裕的基石。前文我们提到,养老产业包含四大核心板块:养老金融、养老服务、老年产品和养老地产。这四大核心板块的大力发展,将极大地推动"银发经济"的兴起。

老年用品包括老年食品、日常生活消费品、医疗护理用品、保健品、文化用品等,是养老产业的重要组成部分。中国老年人口规模之大,老龄化速度之快,高龄人口之多,预示着一个庞大的银发消费市场。老年人作为未来商业市场主要的目标人群,已超过 2.3 亿。以城市老年人为例,其每年领取的退休金到 2020 年时已达到 28145 亿元,到 2030 年将增加到

73219 亿元①,加上其他收入、再就业收入和子女资助,预示着老年人群身上蕴藏着巨大的购买力,会对经济发展产生重要的支撑作用。

金融服务方面,老年人的需求大致可以分为:储蓄存款、保险、支付结算、投资理财和其他个性化金融服务等。据社科院的统计,2020 年底中国居民财富达 549 万亿元,其中金融资产比重为 57% ,而国外养老资产最高可占到居民金融资产的 60% —70% ,由此可见,可转化为养老资源的资产规模相当可观。养老金融产业可以纠正市场失灵,将短期储蓄通过养老金机构的专业化投资管理,与资本市场形成良性互动,使得有关资金流通过金融体系实现社会财富的有效增值以及合理分配,对促进经济稳步增长、推进共同富裕具有不可替代的重要作用。对于个人而言,由于金融知识不断增加,对通货膨胀有深刻的感知,作为第三支柱养老保险的组成部分,专属商业养老保险因其投保简便、交费灵活、收益稳健等特点,将逐渐为消费者所理解和接受。尤其在疫情和养老金结构失衡的双重冲击下,个人养老金融投资需求将迎来快速增长期。个人通过多种多样理财、基金等商业养老金融产品,实现资金的保值增值,未雨绸缪,提前规划养老资产,增加财产性收入,不仅可缓解家庭养老支出压力,也使养老金融市场规模有可观的增长空间。

养老服务是养老产业最基本的内容,贯穿于居家养老、社区养老和机构养老等各种养老模式中,不仅能够带动直接面向老年人的相关产业的发展,还能丰富养老产品的内容,完善养老产业链。养老服务内容包括日常生活照料服务、健康管理服务、医疗服务、中介服务等,融合了多种要

① 中国养老产业研究报告［EB/OL］. https://www. sohu. com/a/332298175_100122244？qq-pf-to = pcqq. group.

素,可形成新的不同业态,而新的业态又将促使老龄经济迸发极大的活力。随着市场化经营准入和服务层次的提升,还出现了包括高级专业护理服务、老年旅游服务以及老年教育服务等高层次的服务。不难看出,养老服务将产生巨大的辐射带动效应,必将成为未来重要的经济增长点。

养老地产则是以养老服务为核心,融合了"养老"和"地产"的综合载体,兼具养老功能和地产性质。房地产业本就体量大、产业链长,对上下游产业如建筑、钢材、水泥、机械、家电等行业,都有显著的经济带动效应,对拉动经济增长和刺激投资消费效果显著。单从地产行业的数据看,2019年,全国2.9亿农民工,房屋建筑业工人约占11.5%,解决了大量就业。2020年,房地产投资占总固定资产投资额(51.89万亿元)的27%,拉动上下游行业增加值占17.2%①,在经济社会中地位突出。随着中国老年人养老观念的转变,老年人的住宅消费观念不断换代,从基本的消费转向关注品质,越来越多的老年人认识到购买养老地产既是一种消费,也是一种投资。发展"保险+养老"等以房养老为主要内容的养老地产,将房地产冗值转化为投资消费,增加了养老产品的市场需求。而无论是普通型还是高端型,养老地产项目的开发,都会带动社会资金进入养老市场,促进经济发展。

综上所述,借助人口老龄化的推力,重视老年市场的庞大需求,延伸养老产业的边界,创新老年消费和服务产品,创新细化产业分工,可为我国经济发展提供新的增长点和助推力。把老龄产业作为国民经济支柱产业之一摆在突出位置,积极寻找振兴老龄产业发展策略,促进老龄产业的

---

① 共同富裕,房地产业需要扮演好五个角色[EB/OL]. https://new.qq.com/rain/a/20210909a02bco00.

良性、健康、长效发展，可在更好地满足老年人需求的同时，为推动经济发展和促进共同富裕提供强劲内生动力。

（二）稳定增加就业　促进财富积累

充分和高质量的就业，既是推动共同富裕的重要条件，也是共同富裕的重要特征。尽管社会财富作为分子，自改革开放以后，其增速和增量相当大，但在中国庞大的人口基数作为分母的情况下，其均量仍相当小。"要想人人吃得好，就得人人有活干。"作为吸纳就业的重要渠道，在未来新式养老服务体系建设中，老龄事业和产业的新发展，会带来更多的就业机会，从而有利于促进民众的财富积累。

养老事业的持续发展，将有效拓展和扩大为老服务就业岗位。为了进一步提升老年人的晚年生活保障，政府必将进一步加大公共服务购买力度，并扩充基本养老服务设施建设、拓展基本养老服务内容和服务对象范围，持续带来更多的为老服务岗位。根据中国社会科学院世界社保研究中心 2021 年做的数据推算，如果以当前美国养老服务市场的规模来推测中国市场，中国养老服务事业将拉动 600 万人就业。

养老产业的新业态、新模式创新和产业链上下游的延伸发展，则将有效拓宽民众就业渠道，达到稳岗扩岗的作用。养老涉及各行各业，一些传统产业可以通过转向为老年人提供相关的产品制造和服务，开辟新的市场来实现稳定发展。根据 BOSS 直聘研究院数据显示，2021 年以来，平台上与养老产业相关的岗位数量同比增长了 50%，其中数量增幅最大的岗位，包括养老护工、保姆、养老社区物业管理员、助教、导医等。未来，随着老年人需求内容的变化、需求规模的激增，将吸引更多企业主体参与养老服务模式的创新和探索,在稳住万亿级规模的产业市场就业基本盘的基础上,将开发出更多的就业新岗位。

（三）促进创新创业　助推共同富裕

养老服务体系的改革创新,养老事业和养老产业齐头并进,使更多人有了适合自己发展的舞台,以及展现自己本领的机会。养老市场的巨大规模和多元多样化需求,让各行各业的劳动者和创新创业者都拥有了勤劳致富和创新致富的机会。他们不仅可以通过进入为老服务市场就业提高经济收入,而且也可以通过发挥自己的才能进行创新创业,创造更多的财富。因此,创新养老为更广泛的群体提供了向上跨越的"助推器",有助于激发全社会创新致富的积极性,从而助推共同富裕。

一方面,与发达国家相比,我国养老产业尚处于市场导入阶段。随着我国养老产业市场规模的不断扩大,伴随享老意识的普及,需求还将进一步提升,这意味着我国养老产业将进入快速成长期。养老行业横跨医疗、教育、文旅、金融、地产、互联网等服务业和各类用品制造业,这么多行业领域的细分市场,为各行各业人员创新创业带来了巨大的机遇。各个行业领域中的专业人士和投资者,都可以从自己原有的行业和专业特长出发,结合老年人的需求特点,研发生产和提供老年人所需要的产品和服务。例如,玩具设计人员可以专门设计供老年人使用的玩具,互联网游戏设计人员可以开发适合老年人的游戏,让老年人在享受娱乐、消磨时光的同时,延缓大脑或机体的衰老;科技人员可以通过研发老年痴呆等精神性疾病早筛产品、辅助老年人保持自理能力的各类功能性代偿产品等,保障老年人的健康和自理能力;从事教育的专业人士,可以研发适合老年人的健康、文体等的教育产品，满足老年人终身学习需要等。

另一方面，政府推进养老领域的改革创新，加大对老龄产业的扶持力度，将有利于突破多年来制约养老产业发展的瓶颈，有效促进辛勤劳动、合法经营、敢于创业的致富带头人投身养老行业，带动更多的社会资本进入养老领域创新创业，通过良性竞争实现产业升级，更好激发市场活力，为老年人提供更多优质产品与服务。以浙江为例，从"十一五"期间开始，浙江省政府就在机构用地、资金扶持、融资信贷、税费优惠等方面进行改革，推动浙江省养老企业和专业服务组织如雨后春笋般诞生。雅戈尔、三星医疗、物产中大、天目山药业、双箭股份、创新医疗、广宇集团等浙江上市公司纷纷进入养老产业。进入浙江省的全国性养老服务品牌企业，有万科随园嘉树和随园智汇坊系列、朗诗常青藤、乐成养老、凯健国际、华润、亲和源、复星康养等，以绿康医养为代表的区域连锁品牌也在迅速崛起，金色年华、绿城等本地品牌逐步壮大。江苏朗高、泰康之家，上海百仁堂，重庆百龄帮等外地专业养老企业，也在浙江省生根发芽。如朗高养老在浙江多地投资建设并运营浙江朗高、台州朗高、湖州朗高、温岭朗高等6个养老机构；泰康集团在浙江投资建设了杭州大清谷、小和山，宁波甬园等高端养老机构。企业的进入，推动了浙江省养老产业的迅速崛起，也为各类为老创新创业活动带来了更大的舞台。

创新创业，是创新创业者优化和整合资源、创新产品和服务，最终创造出更多社会价值和经济效益的过程。养老领域的发展，不仅能够带动创新创业，促进产业的发展和老年人更多需求的更好满足，而且还能形成全社会关心老年人、各行各业为老年人创新创业的氛围，让更多的民众和企业，在为老年人服务的同时，实现自身的财富增值，进一步推动物质层面和精神层面的共同富裕。

三、新式养老促进精神富有

共同富裕,不仅是物质的,也包括精神层面。老龄友好的社会环境,不仅可以帮助老人安度晚年,还有助于我国孝亲敬老文化的传承和创新。传统孝亲敬老文化,也需要通过不断扬弃和重构,以更好地适应社会转型和历史发展。在养老服务体系的创新建设中,通过积极老龄化和健康老龄化观念的倡导、家庭主体责任的加强、社会互帮互助和老年友好社会的建设,可以让老年人积极面对老年生活、家庭传承孝亲爱老的家风、社会形成敬老助老文明风貌,最终有助于推动全社会精神共富。

(一)重塑老龄观念　正确对待晚年

2021 年 11 月,《中共中央 国务院关于加强新时代老龄工作的意见》(以下简称《意见》)发布,《意见》围绕健全养老服务体系、完善老年人健康支撑体系、促进老年人社会参与、着力构建老年友好型社会、积极培育银发经济等八个方面提出 24 条举措,以满足老年人多层次、多样化需求。《意见》中强调,要弘扬"积极老龄观、健康老龄化"观念,积极老龄化成为我们国家积极应对人口老龄化的基本观念。

如何对待老年人,受个人或社会老龄观的影响。老龄观是对老年人口及人口老龄化现象的基本看法和观点。在传统的观念中,我们常常把老年人口或老年人问题看作是一个对社会发展或家庭有负面消极影响或羁绊干扰作用的问题。1990 年,第 40 届世界卫生组织哥本哈根会议提出了"健康老龄化"观念，认为"在人口老龄化社会中，如果绝大多数老年人处于生理、心理和社会适应的健康状态，那么社会发展就不会受到过度的人口老龄化的影响"，因此"使老年人健康"，是解决人口老龄化社会难题的佳药良方。1996年，世界卫生组织在《健康与老龄化宣言》中，进一步提出了"积极老龄化"观念，并于2002年被联合国第二届世界老龄大会作为"应对21世纪人口老龄化的政策框架"纳入其政治宣言。积极老龄化观念认为，老年人仍然是他们家属、亲友、社区和国家的积极贡献者，他们的智慧和经验筑成了社会的生命线，他们的潜力是未来发展的强有力的基础，他们的技能、经验和资源是一个成熟、充分融合、高尚社会发展的宝贵财富。因此，要"建立一个不分年龄，人人共享的社会"，把"老龄化对社会经济的压力，转化成为促进可持续发展的动力"。

根据积极老龄化观念，我们看待老年人的着眼点，应该是人而非老年。它认为①：老年人在生活各个方面都享有机会平等的权利，这种权利并不因为一个人的增龄以及在增龄过程中的体弱、疾病、残疾、衰退、功能缺损而削弱或丧失，老年人的本质只能也必须由人的社会性来决定，绝不能用岁月痕迹或年龄表征来定义；"从工作中退休下来的老年人和那些患病或有残疾的人，仍然是他们家属、亲友、社区和国家的积极贡献者"，并非单纯的社会财富消耗者和社会福利享用者，更不是一种无价值的存在；应对人口老龄化需要老年人的参与，这不是出于人道主义的对老年人的尊重，是"我们这个社会发展的内在需求"，因为老年人的"技能、经验和资源是一个成熟、充分融合、高尚社会发展的宝贵财富"，缺少老年人的参

---

① 刘颂. 什么是积极老龄观 [EB/OL]. http://www. 360doc. com/content/22/0503/16/64086632_1029573933. shtml.

与,人类不可能有效应对人口老龄化;应对人口老龄化的关键在于,努力创造条件让老年人参与社会,参与所在地区的经济、社会、文化和政治生活,充分发挥其技能、经验和智慧,促进不同年龄人群间的同一性与和谐统一。

据此,联合国提出了应对人口老龄化三个关键词,即"健康、参与、保障",并把积极老龄化定义为"在老年时为了提高生活质量,使健康、参与和保障的机会尽可能获得最佳机会的过程"。主张让老年人从社会舞台边缘回归社会发展主流。积极老龄观从根本上扭转了原先关于人口老龄化的思维逻辑,使老年人从社会问题的制造者,变成社会问题的解决者;从社会财富的耗费者,变成社会财富的创造者;从社会发展的拖累者,变成社会发展的推动者。

在我国传统的老年观中,对于老年生活,注重的是"养老"而不是"享老"。一个"养"字,反映了我们对晚年生活的被动、消极、依赖态度。积极老龄观的倡导和普及,有助于改变老年人被动"养老"现状,使老年人树立积极的生活态度,自主地对老年生活进行长期规划和准备。例如,秉持"健康"的理念,重视体检和锻炼,在饮食、作息、情绪等方面进行科学管理,合理消费,滋养身心,着力改善进入老年期之后的身心健康状态;树立"参与"的意识,在自己力所能及的范围内,继续工作,在社会和家庭及自身的日常生活中发挥作用等。积极老龄观的树立,有助于老年人精神面貌的改变,形成社会上老年人整体积极向上的精神面貌。

(二)减少子女负担 构建和谐关系

中国家庭的代际纽带一贯强韧,无论是从短期还是长期看,家庭始终是老年人养老的第一责任人，居家养老是中国人养老的主要方式。家庭在老年人晚年生活中起到至关重要的作用。

"久病床前无孝子"是一句民间俗语，也是一种社会现象。老年人受生理和身体机能上衰弱、老化以及疾病困扰，逐渐地会越来越离不开他人的照料。由于少子化和空巢化，加上工作和经济上的压力，再孝顺的子女也没有办法随时照顾老人的起居。尤其是当老人失能失智后，对其照护不仅需要较高的专业水平，而且其基本上每时每刻都需要陪伴。长时间的精神和体力的透支，极度考验家庭成员之间的关系，常常使子女与老人双方都很痛苦。

而"五力祐老"养老服务体系的出现，使得老年人的养老有了更多的选择和保障。自理老人可以自主管理自己的生活，并通过政府提供的基本养老服务保障基本生活需要，通过选择市场化的服务满足自己的个性需求，通过智慧养老平台，获得高效便捷的服务，不仅可进一步提升自己的生活品质，而且可以减轻对家人的依赖、减轻家人的负担，从而使老人可以更轻松地面对家人和与家人交往。而居家养老服务、社区养老服务和机构养老服务的完善，长期照护制度的广泛实施、护理养老床位的增加、家庭养老病床的推广、科技辅具的普及、智能监控和管理系统的使用，也能在很大程度上减轻家庭成员对居家空巢老人、失能半失能老人的照护负担，从而有利于减少家庭冲突，增进家庭关系，促进家庭和谐。

（三）缩小城乡差异　推动社会文明

促进共同富裕，必须提高发展的平衡性、协调性、包容性，缩小城乡之间的差距，促进社会和谐。解决城乡在养老服务供给水平方面的差距，提高农村老年人的养老服务质量,不仅是未来创新养老的工作重点之一,同时也是推进共同富裕的重要手段之一。

目前,乡村的老龄化水平明显高于城镇,养老服务供给缺口也高于城镇。《2020 年度国家老龄事业发展公报》显示,乡村 60 周岁及以上、65 周岁及以上老年人口占乡村总人口的比重分别为 23.81%、17.72%,比城镇 60 周岁及以上、65 周岁及以上老年人口占城镇总人口的比重,分别高出 7.99 个百分点、6.61 个百分点。经过我国多年来对养老服务供给设施的大力建设,城镇老年人的照护体系远比农村完善。农村老年人以依靠子女照料为主,随着农村人口老龄化的加剧和城镇化的加快,大量的农村青壮年劳动力外出就业生活,在农村留下了一大批空巢老人。同时,受限于经济发展水平和农村养老保险意识弱、对社会保险了解不多、个人缴费能力弱等因素,农村老年人享受的养老保障水平也较低,无法享受与城镇职工同等水平的养老待遇,城乡养老保障水平也存在较大差距。经济发展水平和社会养老保障的差异,又影响到了城乡养老保障资源的配置,导致农村的养老资源偏少且资源质量偏低,直接影响农村老人的获得感和幸福感,影响了城乡之间共同富裕的协同性和均衡性。

在未来的养老服务体系建设过程中,随着财力的增加,政府必然会加快基本公共服务统筹,在发展中补齐民生短板。一方面将推进基本养老保险和基本医疗保险覆盖全民,并随着财政收入的增加,逐步上调农村居民养老金水平和基本医疗报销水平,实现基本养老保险和基本医疗保险城乡同标;重点加强农村基础性、兜底性养老服务设施建设,扩大基本养老服务供给面,更好地发挥政府在农村基本养老服务体系建设中的主导作用。另一方面政府也会加大对农村社会养老产业发展的支持力度,通过给予优惠的财政和金融政策，吸引专业化的养老服务机构进入农村、进入乡镇，充分发挥市场的力量，为农村老人提供多元化和专业化的养老服务。社会各界也会更加关注农村、偏远山区、海岛的老人养老问题，着力通过慈善、志愿、科技的力量，互帮互助，让更多的农村、偏远地区的老人能够获得更好的养老服务。通过缩小城乡养老服务差距，让发展成果更多更公平地惠及人民群众，不仅可以增加政府和企业对农村的投入，提高当地农民的收入水平，而且可以促进社会和谐，推进共同富裕。

第四章

强化政府主导力　引领发展

　　积极应对人口老龄化，是推动共同富裕的应有之义。目前，积极应对老龄化已成为一项国家发展战略，《中华人民共和国国民经济和社会发展第十四个五年规划和二〇三五年远景目标纲要》对此已经进行了专门部署。老龄化问题是社会发展中必然出现的问题，我国已经拥有了强大的社会物质基础、充裕的人力资源、源远流长的孝道传统，完全有条件、有实力、有信心解决好这一问题。但也必须看到，现阶段我国老年人口不仅基数大而且发展速度快，需求正逐渐由生存向发展转变，养老服务还普遍存在发展不平衡不充分等问题①，构建符合我国人口结构和老龄化进程的老龄服务体系，其意义和紧迫性日益凸显，任务必然更加艰巨繁重。

　　养老服务事关国家发展全局，事关亿万百姓福祉，它既是事业，也是产业。前者是由政府提供、以法律为保障、满足老年人基本生活要求的公共服务，后者则是以满足多元化、高层次、个性化需求为目标，向老年人提供相应商品和服务的营利性活动的总称。两者既泾渭分明又息息相通，

---

① 参见《"十四五"国家老龄事业发展和养老服务体系规划的通知》（国发〔2021〕35号）。

共同组成了我国的养老服务体系。我们既不能将其仅仅视为老年福利事业，过度强调政府在养老方面的责任，也不能完全将养老责任推给市场，使养老服务过度市场化。因此，随着社会富裕程度的提高，政府的责任非但不能减轻，反而应进一步强化。政府需要继续发挥主导作用，以统筹规划、完善保障、优化环境以及深化管理为重点，在经济社会发展过程中，有机结合健康老龄化、积极老龄观发展理念，切实激发全社会的力量，共同建设好养老服务体系，让全体老年人共享成果、幸福养老。

一、统筹规划　科学布局

养老服务的高效发展和落细落实，离不开与社会经济发展相匹配的"顶层设计"。在我国的社会主义制度体系中，需要进一步发挥政府的统筹主导作用，随着整个社会经济水平的快速发展，应持续加快养老服务体系建设的统筹规划，整合各方资源，科学构建布局，让每一个老人能够共享发展成果；完善政府保基本兜底线职能，确保困难老人一个都不落下；加强基本养老服务建设，让更多的老人能够获得普惠性养老服务；进一步努力扩大市场化养老服务，满足人民群众日益增长的多样化养老服务需求。

（一）完善兜底服务　一个都不落下

兜底性养老服务，聚焦于城乡特困人员，如城乡"五保""三无"等老年人，由政府为其无偿提供生活照料、医疗保健、精神慰藉等养老服务。由于没有经济来源，缺乏劳动能力或丧失法定抚养人，农村"五保"和城镇

"三无"老年群体是最需要帮助的困难群体。兜底性养老服务,可保障城乡特困人员基本生活,是坚持共享发展、保障和改善民生的应有之义,也是共同富裕的过程中不落下每一个老人的必然要求。

面对这些散落于各处的困难老人,仅靠分散供养无法解决问题,因此,未来政府将继续积极推行集中供养,以公办养老机构为依托,以集中供养的方式,来解决困难老人的生活保障问题。在设施条件上,各地以现有特困老年人数量为基础,确定总量床位下限,做好其布局、改造和运转衔接等基础工作;同时不断推进特困供养服务设施(敬老院)改造提升工程,以失能、部分失能特困人员专业照护为重点,在农村打造形成县、乡、村三级养老服务兜底保障网络;对于一些有条件的特困人员供养设施,支持其向区域养老服务中心转型;在乡镇、街道内,建设养老服务综合设施,提供上门、日托、全托等综合服务,进一步提高养老机构的服务能力①。在机构服务上,充分发挥公办养老机构"兜底线、保基本"的保障职能,重点扶持经济困难的空巢老人、留守老人、失能老人、残疾老人、高龄老人以及计划生育特殊老年人,提供低偿或无偿集中供养服务;鼓励引导有条件的公建民营等机构,优先服务特殊困难老年人;鼓励地方逐步探索并解决无监护老年人如何入住机构等具体问题,根据意愿做好特困老年人集中供养工作,做到应养尽养,切实发挥兜底保障作用。

例如,浙江省不仅在 2021 年 11 月由省人民政府办公厅印发《关于健全完善特困人员救助供养制度的意见》(浙政办发〔2021〕58 号),立足推

---

① 参见《"十四五"国家老龄事业发展和养老服务体系规划的通知》(国发〔2021〕35 号)、《"十四五"民政事业发展规划》(民发〔2021〕51 号)、《国务院办公厅关于推进养老服务发展的意见》(国办发〔2019〕5 号)。

进新时代民政事业高质量发展,围绕放宽救助供养认定条件、提高救助供养保障标准、规范完善救助供养形式、加强供养服务机构管理等重点内容,对开展新时代特困人员救助供养工作明确了系统安排,而且把农村五保、特困人员集中供养工作,作为社会福利事业的窗口工程来抓。聚焦农村五保对象和城镇"三无"对象,多方筹集资金,加大经费投入,加强敬老院建设,规范敬老院管理,使全省敬老院的面貌发生了彻底的改变,集中供养工作从弱到强、从分散到集中、从无序到规范,形成了生动和谐的特殊群体"老有所养"局面。"十四五"期间,浙江将为此拨款总投资 15 亿元[1],使省域全部敬老院都达到国家养老院二级以上标准。同时整合资源、合理布局,以实际需求和预计老龄发展趋势为依据,及时取缔不必要的敬老院,预计将全省敬老院数量控制在 350—400 家,床位 7 万张,其中护理型床位占 58% 以上,基本实行社会化运营[2]。根据《浙江省养老服务发展"十四五"规划》,"十四五"期间,有集中供养意愿的特困老年人100% 实行集中供养;生活不能自理的特困老年人,集中供养率 2022 年达到 90% ,2025 年达到 95% 。

【案例 4-1】　慈溪特困人员集中供养升级版

让福利院老人优先实现"浙里长寿"

受传统养老观念和支付能力限制,在我国,老年人到养老院集中养老比例较低。其中如何保障特困老人的供养,更是各地亟待解决的一大难题。浙江省慈溪市是一个人口老龄化程度较高的县级市,截至 2021 年底,全市 60 周岁以上老年人达 28.82 万人,占户籍总人

---

[1] 参见《浙江省民政事业发展"十四五"规划》(浙发改规划〔2021〕92 号)。

[2] 参见《浙江省社会发展"十四五"规划》(浙发改规划〔2021〕87 号)。

口的28.83%。现有280名60岁以上的特困人员,在三家公办社会福利院集中供养,其中,80岁以上老人75人,占比26.8%,90岁以上老人21人,当前年龄最大的95岁。近三年来死亡的特困集中供养人员平均寿命81岁,超过浙江省目前的人均期望寿命。

是什么让慈溪的特困老人优先实现"浙里长寿"?关键在于慈溪市对特困、低保等相对弱势人群的高度关注,在特困人员供养上打破固有模式,在2012年把全市特困人员全部集中到三家公办社会福利院,形成了特困人员集中供养升级版。

2012年以前,慈溪市特困人员的集中供养率仅43.36%,且都分散在各镇敬老院集中供养。敬老院作为镇级下属事业单位,房屋设施大都比较落后,安全隐患突出;院内行政管理人员大都为年龄较大甚至退休的镇干部,发展现代养老服务业的意识薄弱,积极性、主动性缺乏,管理服务上以提供基本生活照料为主,失能失智人员的照护水平低下,社会老年人一般都不愿去敬老院与特困人员共同养老。

为了提高特困人员供养保障水平、引导各镇大力发展养老服务业,2006年开始,慈溪市就超前谋划,先后出资0.6亿元,在中心城区和市域北片分别建成两家市级社会福利院,合计建筑面积2.2万平方米,养老床位740张。2012年,慈溪市将全市分散居住和集中供养的557名特困人员,集中供养到市级两家社会福利院,把27名患有精神病的特困人员,集中供养到新浦镇社会福利院,集中供养率上升到98%。三家福利院从此承担起全市特困人员集中供养任务,在统一供养标准、服务标准、配足护理人员的同时,全部就近与医院建立医养合作关系,成立内设医疗机构,由常驻医生、护士提供医护保健。

在良好的居住环境、生活娱乐、医疗护理等保障下，特困人员的生活，从此有了翻天覆地的变化，"浙里长寿"对特困人员而言不再是梦。

与此同时，市政府支持各镇把腾空的敬老院设施进行改造提升、扩建重建。在2012—2015年间，两级政府三年内累计投入近亿元，让原先的敬老院脱胎换骨，并全部转型为养老院，以公建民营的方式，引进第三方进行专业化运作。为了支持第三方能轻装上阵、提升服务，在运营权承包费用收取上采取低标准、免除或以奖代补等方式，同时要求机构做到服务价格备案和公示，确保为本市老人提供住得起、养得好的普惠型养老服务。这一转型，对各地镇政府而言，既甩掉了运营管理包袱，又发展了本地养老服务业，更好地满足了本市各镇老年人就近养老的需求。

改善特困人员的生活保障水平，是实现全面小康、共富共美的兜底任务之一。慈溪市的做法，让特困老人优先享受到了现代养老服务，筑起了"浙里长寿"的坚实底线。

（资料来源：慈溪市民政局撰写提供。）

另一方面，为了应对因病、受灾等返贫所带来的问题，政府将进一步完善社会救助体系建设，健全分类分层、城乡统筹的社会救助体系，深入实施临时救助制度，加强对老年人的"救急难"工作，确保人人老有所养，老有所依。例如，浙江省计划在"十四五"期间，继续深化"1+8+X"社会救助体系建设，确保有困难的群众，特别是困难老人，在全省实现共同富裕的道路上，"一个都不掉队"，能够共享"浙里"幸福生活。浙江省将持续优化提升"浙里救"各类功能，推进统一的智慧大救助平台建设，通过加快推进老年智能手环、手机紧急呼救功能等随身携带设备的普及以及居家适老化改造,特别是对于独居、高龄等重点关注老人,利用"一键呼救"、"智能水表"等智慧监控设施,为老人提供及时有效的救援和安全防护服务,并通过数字化手段,不断提升完善救助老人的质量与效率,提供分类分档精准救助,便民高效,智慧惠民。"8"为提升完善低保、特困、受灾、医疗等八大领域基本救助。浙江将拓展社会救助类型和对象,加强政策宣传和监督检查,确保辖区内所有符合低保条件的特困老年人,按政策规定纳入最低生活保障、救助供养等社会救助保障范围;对于有集中供养意愿的特困人员实行集中供养,对于分散供养的特困人员全面落实委托照料服务①;同时以不低于人均可支配收入的增幅,稳步建立救助保障标准动态增长机制,"十四五"期间努力实现低保年标准达到13000元以上的建设水平;持续提高困难群众生活质量,强化落实事实无赡养老人的社会救助兜底保障,让"浙里"的温度落到每一位百姓身上。

（二）加强基本服务　惠及每个老人

尽管在学界还是在政策中,"基本养老服务"的概念尚未能形成一致共识,但在我国对此的实践研究中,围绕基本养老服务在"服务谁、服务什么、谁来服务"这三个核心问题上,已逐渐形成了重要共识②:一是服务全体老年人,但优先保障特殊困难老年人的需要;二是"管基本",聚焦保障老年人基本生命权益等需要,做到尽力而为、量力而行;三是由政府主导提供。由此可见,基本养老服务,是以全体老年人为对象,以全面和普惠为原则,为每一位老年人所提供的以满足基本需要为主的养老服务。

---

① 《浙江省老龄事业发展"十四五"规划》(浙发改规划〔2021〕198号)。
② 李雪.《规划》中的三个关键词[J].中国民政,2022(5):32-34.

基本养老服务人人享有，是促进老有所养、老有所依的重要方面，也是中国特色养老服务体系的重要内容。《国家积极应对人口老龄化中长期规划》对全体老年人享有基本养老服务做出了长远部署。《国民经济和社会发展第十四个五年规划和 2035 年远景目标纲要》明确："健全基本养老服务体系，大力发展普惠型养老服务。"加强基本养老服务体系建设、发展普惠型养老服务，已是新时期养老服务工作的重点。

基本养老服务强调服务面向全体老年人以及服务范围的全面性。目前，限于国家财力有限，我国的基本养老服务覆盖面还不够广泛，因此后续随着国家财力的加强，将重点围绕建立基本养老服务清单、推行国内统一有效的老年人综合评估制度以及提高老年人福利水平而作出系列部署，以进一步提升基本养老服务水平，使经济发展的成果有效惠及更多的民众。

建立基本养老服务清单，并随国家财力的增加，逐步扩大服务内容、提高服务水平。在基本社会服务范畴中，将养老单独列出，并加强其需求的认定、整合与统筹，将基本养老服务由碎片化向整合清单化转变。以生活安全、失能照护为主要内容，对处于健康、失能、经济收入困难等不同状况的老年人，针对性地提供相关配套服务，并从服务的对象、内容、标准、收费等方面进行分类明确，保障多层次的基本养老服务供给[1]，同时依据经济、社会、科技的发展程度，进行动态有效调整，确保清单与时俱进。

基本养老服务清单的落实，离不开老年人能力综合评估制度。科学评估各类老年人综合能力，既可为政府对不同状况的老年人提供相应的

---

[1]　参见《"十四五"国家老龄事业发展和养老服务体系规划的通知》(国发〔2021〕35 号)。

基本服务,提供一把"标尺",也可为不断改善提高养老服务整体质量提供基本指引。我国将统筹国内现有的老年人能力、健康状况、残疾分级、照护水平等各类相关评估制度,同步整合民政、卫生健康、人力资源和社会保障等部门,探索将康复需求评估纳入老年人能力综合评估,建立全国统一互认的老年人能力综合评估标准;通过政府购买等方式,对老年人进行统一的能力综合评估,并以此为依据,实行依法领取补贴、接受基本养老服务①,从而有效保障老年人合法权益,集中有限资源,更好地发挥基本养老服务的作用。

随着经济的发展,我国也将进一步提高老年人福利水平。继续推进老年优待项目研究,平等对待所有老年人,使其不分国籍、省籍、户籍享受老年基本优待。通过探索开放灵活的老年福利政策,允许经济发达的省份,根据本地经济发展水平,确定较高的老年福利水平,鼓励将优待范围逐步普及到各地常住人口,老年人不分地区、户籍享受城乡养老服务设施。根据经济发展水平,定期量化通货膨胀、物价波动等影响,逐步提高高龄津贴、最低基础养老金等标准,持续提高老年人的社会福利水平。

基于现阶段普惠养老服务有效供给不足这一现实,我国也将持续对居家社区机构养老服务网络进行优化调整,不断扩大基本养老服务的普惠供给。

在居家上,从扩大试点着手,继续加大"家庭养老床位"的增长力度,逐步明确建床对象、建设标准、服务项目、办理流程、资金补助等,在此基础上,完善相关的政策和措施,使家庭养老床位成为居家养老服务的重要

---

① 参见《国务院办公厅关于推进养老服务发展的意见》(国办发〔2019〕5号)。

形式。实施家庭照护支持行动,在政府购买养老服务目录中纳入高龄、失能失智老年人家庭成员照护培训,为其提供低偿或无偿的护理知识技能培训和喘息服务,进一步提高家庭照护质量。推广实施特殊困难老年人家庭适老化改造,探索以政府购买服务的方式,委托第三方,为困难、失能、失智老年人实施以卫生间、卧室和厨房为重点的家庭适老化改造,引导有改造需求的老年人开展家庭适老化改造,让老年人拥有一个安全、便利的居家生活环境。配合做好老旧小区适老化改造工作,深入推进既有多层旧住宅加装电梯工作,推进新旧社区无障碍设施建设,创设方便老年人日常出行的良好公共环境。

在社区,落实推进城市新建城区、居住(小)区按规划标准建设配套社区养老服务设施,并使设施达标率达到百分百。老旧城区、已建成居住(小)区,则基本补齐、完善社区养老服务设施,逐步构建城市地区"一刻钟"居家养老服务圈,重点解决核心城区老旧小区养老难问题,同时该设施也可低偿或无偿开展普惠型养老服务①。

同时,我国将继续统筹居家和社区养老服务深度融合发展,支持一批区县建设示范性居家社区养老服务网络,通过可复制的运营和管理模式,形成街道和社区、区域养老服务中心和嵌入式养老服务机构有机发展的格局,互相协同、协调有序、功能互补,为社区居家老年人就近提供送餐送药、医疗照护、短期托养、心理慰藉等基本服务。

在设施上,我国将积极探索多元化公办养老机构改革路径,按照"应改尽改、能转则转"的原则,全力推动有条件的党政机关、国有企事业单位

---

① 参见《"十四五"民政事业发展规划》(民发〔2021〕51 号)。

举办的各种形式的培训中心、疗养院等各类机构,经过一定程序,整合改造为普惠型养老服务设施①。通过实行建设成本标准收费价格的规范指导,以惠民为本,控制费用,防止过度奢华。同时,通过在硬件改善上给予与当地经济水平相匹配的补贴,鼓励民办养老机构提供普惠养老服务,在税收、水电等费用上也给予一定的优惠政策,以不断提高社会力量参与合办普惠性养老机构的积极性。鼓励各地政府采取委托第三方管理、补贴运营、购买专业服务、公建民营等方式,综合考虑社会从业人员信誉、服务机构社会化经营水平、可持续性程度评估等服务质量指标,引进优秀的社会运营机构,参与公立养老服务机构的市场化运营。重点健全公建民营养老机构管理机制,促进其成熟化、规范化,不断提高机构养老服务供给的效率和质量,充分发挥公建民营模式的示范引领作用,为广大老年人提供价格适中、方便实用、质量安全的养老服务。

例如,2019 年 2 月,国家发改委会同民政部、卫健委等部门,联合印发了《城企联动普惠养老专项行动实施方案》,提出围绕"政府支持、社会运营、合理定价",按约定承担公益,深入开展政企(养老机构)合作。鼓励各省政府积极争取城企联动普惠养老专项试点,聚焦发展普惠性养老,深入开展城企合作,着力解决城市老年人,特别是中低收入且失能半失能老年人,在选择养老服务时面临的"买不到、买不起、买不好、买不安"痛点问题。

(三)扩大市场服务　满足个性需求

随着生活水平不断提高,老年人对养老服务的需求也日趋多样化、个

---

① 参见《浙江省老龄事业发展"十四五"规划》(浙发改规划〔2021〕198 号)。

性化。市场作为养老服务的重要补充,在满足老年人多样化、个性化养老服务需求中,扮演着越来越重要的角色。基于我国目前的养老市场发展不足、养老服务主体"造血"能力差等问题,我国将进一步发挥市场的作用,充分激发市场的潜力与活力,增强企业自主"造血"能力,不断扩展服务供给,更好地满足老年人个性化、多元化的需求。

通过规划,加强引导。通过科学规划全国养老服务市场布局,并进一步细化形成相应的政策,引导养老服务市场由"老人跟着机构走",转变为"机构跟着老人走"。以老年人就近就便、医养结合等需求为导向,引导企业在靠近老年人居住的地方,举办各种类型的为老服务机构,确保市场养老服务的有效供给。

进一步深化供给侧结构性改革,推动老龄产业的大力发展。将养老产业作为新的经济增长点和支柱产业加以培育,鼓励企业围绕老年人的衣、食、住、行、医及文化娱乐等各方面细分需求,开展老年产品和服务的设计、研发、升级和应用推广。重点鼓励企业发展上门服务项目、研发医康养产品,积极推动企业开发与老年人生活息息相关的食品药品、居家电器、服装服饰、玩具、辅具等老年用品和旅游、文化、教育、金融、保险、康复、护理等服务产品,引导相关企业开发老年住宅、老年公寓等老年生活设施,商场超市等设立老年用品专区专柜。通过培育多元化市场主体,繁荣养老市场。

进一步激发养老服务市场活力。以政策引导、购买养老服务、公建民营改革为抓手,引导社会资本进入养老服务业,推动社会力量成为发展养老服务业的"主角",进一步提升养老服务市场的活跃度。通过鼓励建立养老产业相关行业协会、研究院,创办相关展会和论坛等,加强标准制订及协同互认、专业人才培训、相关产品研发和认证、经营管理经验交流等方面的合作。表彰一批龙头企业、认定一批为老服务品牌,以大企业、大品牌带动产业集聚,形成基地化集聚发展规模效应,推动养老产业融合发展。推进"养老产业园"建设,引进养老服务企业,集聚老年用品研发制造企业,实施优惠政策,推进养老服务和老年用品市场发展。

拓展市场化融资渠道,进一步强化企业自身的造血能力。充分发挥政府资金引导作用,设立养老服务产业投资基金,采取股份制、股份合作制、PPP(Public-Private-Partnership,指政府与社会资本合作,建立起"利益共享、风险共担、全程合作"的共同体关系①) 等模式,形成社会资本为主体的养老服务多元投入机制,达到有序盘活存量资产,实现投资良性循环的目的。探索发展信托机制,打造更加广泛、更为包容的支持养老经济的平台,有效补充国家投资的不足。强化民营养老服务的"造血"功能,促进民营养老企业的可持续运营。鼓励商业银行探索向产权明晰的民办养老机构发放资产(设施)抵押贷款和应收账款质押贷款。探索允许营利性养老机构以有偿取得的土地、设施等资产进行抵押融资。支持符合条件的养老服务企业发行公司债及资产证券化产品,支持各类私募基金投资包括养老服务业在内的有益民生的产业发展,支持符合条件的、规范化程度高的市场化为老服务企业上市融资。对从事养老服务行业并符合条件的个人和小微企业给予贷款支持,鼓励金融机构参照贷款基础利率,结合风险分担情况,合理确定贷款利率水平,进一步发挥创业担保贷款政策

---

① 王锦旺,王丽丽,蔡丽红,等. 新时代养老服务业市场化发展对策研究[J]. 全国流通经济,2020(10):136-138.

作用①。

　　加强监督，推动养老市场规范发展。出台总体养老服务市场规划，同时制定养老服务市场制度，建立统一规范、公平标准的养老服务市场准入制度，规范养老服务市场行为。创新养老服务市场监管模式，加快研究适应养老产业新技术、新产品、新业态、新模式发展的监管制度，制定、完善相关建设标准和管理规范。加强多部门协同监管，健全各部门协调配合机制，并将养老服务领域纳入全国社会信用体系建设，强化信用监管和信息公开②，以推动我国养老服务市场环境不断改善。加大联合执法力度，定期组织开展针对老年人产品和服务消费领域侵权行为的专项整治行动，严厉查处向老年人欺诈销售各类产品和服务的违法行为，便利老年消费者维权途径，切实保障老年人权益。

二、完善保障　解除忧虑

　　在建设共同富裕的道路上，社会保障体系作为一种再分配制度，是有效推动社会公平的重要途径。在走向共同富裕的道路中，我国将秉持兜底线、织密网、建机制的理念，坚持权责清晰、保障适度、应保尽保、规范有序的原则，不断提升养老保障体系，完善医疗保障制度，推进长期护理保险制度，推动建立符合我国经济发展水平、覆盖全民、统筹城乡、可持续发展的多层次养老保险体系，切实提高老年社会保障能力，消除老年人对晚年生活的忧虑，让老年人的晚年生活无后顾之忧。

---

① 参见《国务院办公厅关于推进养老服务发展的意见》（国办发〔2019〕5 号）。
② 参见《浙江省老龄事业发展"十四五"规划》（浙发改规划〔2021〕198 号）。

（一）提升养老保障　改善基本生活

经过多年的探索与实践,当下我国已形成由三大支柱组成的基本养老保险保障体系,即:由政府主导并负责的第一支柱——基本养老保险(城镇职工基本养老保险和城乡居民基本养老保险);由政府倡导、单位企业自愿发展的第二支柱——补充养老保险(企业年金和职业年金);政府鼓励、完全出于个人自主意愿购买的第三支柱——个人商业养老保险(个人储蓄性养老保险和商业养老保险)。

构建多层次的养老保障体系,在改善和保障人民生活、推动社会和谐稳定方面发挥着重要作用。现有的养老基本保障水平还较低,同时随着网络和科技的进步,各种新兴职业蓬勃兴起,现有的养老保险制度框架尚没有覆盖新形态下的全体劳动者。因此,在共同富裕的过程中,立足实际,逐步提升基本养老保障水平、优化完善多元养老保障体系,可让所有人都能够获得安享晚年的基本保障。

首先,作为第一支柱的基本养老保险,将进一步扩大覆盖面,将灵活就业、农业转移人口等群体逐步纳入职工基本养老保险体系,做到应保尽保。积极推行养老保险政策"全国一盘棋",全面实施企业职工基本养老保险省级统筹工作[①],并力争在全国范围内实现基本养老保险制度、缴费政策、待遇政策、基金使用、基金预算和经办管理"六统一",逐步实现国家统筹,进一步扩大基本养老保险的覆盖面、便民度和保障度。探索将各级政府资本收益和地方财政新增财力投入到养老保险基金等方式,以扩大

---

① 　参见《浙江省老龄事业发展"十四五"规划》(浙发改规划〔2021〕198 号)。

养老资金的来源。积极探索实施"小步慢走、逐步到位"的渐进式延迟法定退休年龄,增收节支养老保险基金账户,减轻"空账"等隐性负债,进而从根本上保障临退休人员的养老保险获得。深入推进城乡居民基本养老保险改革试点,完善城乡居民养老保险制度,使城乡之间的筹资与保障待遇差距逐步缩小,推动城乡共富协同发展。完善待遇调整机制,合理设置最低待遇标准,保障人民基本生活水平。推进落实基础养老金正常调整机制,借鉴世界发达国家的可取经验,引入合理参数、设计具有平滑调整幅度的养老保险自动调整机制,从具体国情、省情出发,在确立调整机制适用范围的前提下,对通胀、价格变动进行定期量化,正确处理价格、工资与养老金的关系,保持养老金的真实购买力,保证民众养老的基本质量。

其次,大力发展作为第二支柱的企业(职业)年金。进一步明确企业(职业)年金的基本政策,制定其资格准入、实施、监管等制度,为年金征缴制定与基本养老保险相关的税收优惠政策[①],并通过适度降低企业年金门槛,鼓励中小企业发展集合年金等方式,促进第二支柱职业养老保险的参与。进一步探索发展中小企业和民营企业人才集合年金计划(指以企业精英为主体,由企业单位和员工个人共同出资成立年金,由国家给予一定的补助,并以每年缴纳以及在退休后不断提高养老待遇的方式,帮助企业建立人才长效激励机制的同时,提高相应人才养老保障水平),以期突破目前覆盖人群限制于机关事业单位或大型国企的现状。针对中小企业,开发更多交易成本比较低的集合型企业(职业)年金产品,进一步扩大企业(职业)年金覆盖面。

---

① 黄瑞芹.我国职业年金制度衔接问题研究[J].人口与经济,2003(4):44-48.

最后,进一步促进和规划发展第三支柱养老保险。加快完善制度体系顶层设计,对养老金融产品创新、参与主体、市场服务监管等方面进行规范,为发展完善个人商业养老保险体系,提供明确指引。进一步推动个人养老保险制度的实施,鼓励居民以养老储蓄计划等形式,通过理财、储蓄、商业养老保险、公募基金等多种形式,补充第三支柱个人养老金。通过开展养老理财试点,以增强我国居民的养老资产储备,增强老年人的养老保障能力。

（二）完善医疗保障　防止因病返贫

目前,我国医疗保障体系的构成主要包括:城镇基本医疗保险制度(城镇职工基本医疗保险、城乡居民基本医疗保险)、补充医疗保险(国家公务员医疗补助、企业补充医疗保险、大额医疗费用互助基金制度)、商业健康保险和社会医疗救助。

医疗保险体系是一项重要的制度安排,它可以减轻群众医疗费用,改善人民生活质量,促进社会和谐稳定。当前,我国的医疗保障体系建设已初见成效,但受限于经济发展水平,我国的医疗费用保障水平总体偏低、保障范围有限、筹资机制还不完善。随着经济的发展,我国将着力解决上述问题,不断完善医疗保障体系,切实提升全民医疗保障能力。

继续完善城乡居民基本医疗保险制度。统一全国医疗保障政策框架,坚持"全覆盖、保基本、多层次、可持续"的方针,全面并平稳推动各省基本医疗保险省级统筹,并争取在全国范围内统一参保范围、统筹层次、资金筹集、保障待遇、经办服务、基金管理和医保监管,促进医疗保障更加公平,管理服务更加规范,医疗资源使用更加高效。将城乡居民基本医疗保险与职工基本医疗保险、医疗救助及其他医疗保障制度有机结合起来，形成一个更为完善的多层次医疗保障体系①。

对于医药费用保障水平总体偏低的问题，通过将门诊医疗费用纳入基本医疗保险统筹基金支付范围、改革职工基本医疗保险个人账户、进一步建立健全职工医保门诊共济保障机制、门诊待遇适当向退休人员倾斜等措施，逐步降低参保人员的费用，促进医保制度的公平、可持续发展。逐步实现门诊费用跨省直接结算，通过集中带量采购，扩大老年人慢病用药的报销范围，切实减轻老年人的负担②。

进一步完善多层次医疗保障体系建设，健全稳定可持续的筹资运行机制。支持相关商业保险机构在医、护、康等方面提供综合性健康保险产品和服务，并随技术发展逐步扩大商业健康保险保障覆盖面。推进老年人意外伤害保险，按照"政府支持、个人参与、合理定价"的原则，政府给予一定比例的资金扶持，并支持个体自愿缴纳，建立共担机制，以保证意外险的可持续发展，并逐步扩大参保人员年龄范围，进一步扩大意外伤害保险覆盖面。

（三）推进长护保险　缓解照护痛点

在老年生活中，老年人及其家庭最担心的是老人失能失智。因为一旦失能失智，就离不开他人的照护，既需要花费较多的开支又需要花费较多的精力，还不一定能够照护好。但随着预期寿命的增加，失能失智老年人的比例必然会随之增加（根据现有统计，80岁以上老年人失智的比例，

---

① 参见《浙江省深入推进城乡居民基本医疗保险制度建设意见》(浙政办发〔2016〕134号）。
② 参见《"十四五"国家老龄事业发展和养老服务体系规划的通知》(国发〔2021〕35号）。

每增加五岁就翻一番）。如何解决失能失智老年人的长期照护服务,是解除老年人及其家庭后顾之忧的重中之重。因此,构建覆盖城乡、保障充足的长期护理保险制度,是人心所向,大势所趋。

长期护理保险制度是一种通过政府、单位和个人共同出资,为相关失能人士的生活照顾和医疗服务提供费用保障的新型社会保险制度。目前,我国的长护险还处于试点发展阶段,还存在不少需要解决的问题,如未将失智老人纳入保障范围,未建立统一规范的评价标准和支付标准,全国各地试点的发展水平也参差不齐。为此,我国未来必将聚焦失能失智及高龄老人长期照护需求,深入推进长期护理保险建设,让更多人能够"老有所护"。

我国将根据"政府主导、市场运作、社会参与、多方筹资"原则,推动全国各省开展长期护理保险试点,并稳步推出长期护理保险制度,逐步增加参保人数、增加受益覆盖面。进一步开展长期护理保险标准化、规范化建设,在政策标准、待遇给付、经办服务管理方面,形成具有中国特色的长期护理保险政策框架和标准体系,聚焦于解决严重失能失智人员的基本生活照料和医疗护理所产生的相关费用。在保障对象上,根据老年人口发展状况和失能失智人员情况,进一步完善政策,逐步扩大保障范围,将中度失能失智老人逐步纳入,继续扩大其照护服务供给,实现失能失智老人全覆盖,确保失能失智老人共享照护服务。在服务供给上,统筹全社会养老服务资源,综合运用医疗机构、养老机构、社区居家养老服务中心等多方护理服务,最大限度地满足失能失智老年人的护理需求。在资金筹集上,探索建立"互助共济、责任共担"的长期护理保险多渠道筹资机制,不断拓展资金筹集渠道,如适量划拨各省福利彩票事业公益金用于长护险保障体系建设、鼓励社会各界慈善捐助等模式的资金筹集方式,提高长期护理保险的保障水平。在缴费机制上,加快建设政府、企业和个人三方共同承担的缴费机制。缴费比例根据各省长护险运行成本、政府财政负担能力以及社会经济发展水平等综合因素进行确定,逐步统一标准、规定最低保障水平。在参保人员上,不断提高全民的参保意识,让全民充分认识到长期护理险对老年人晚年照护服务保障的重要性,提高民众参保的主动性和积极性。

充分挖掘商业保险在产品、投资、运营、管理、服务等方面的专业优势,积极发挥商业保险的重要补充作用。引导商业保险机构参加政策性长期护理保险的试点工作,并与医疗、养老、护理等机构开展业务合作,将长期护理产品与其他商业养老保险和医疗保险产品相结合,开发适合居家、社区、机构等不同护理需求的产品,同时发展与长期护理保险配套的商业保险产品及服务,满足老年人多样化、多层次长期护理保障需求。

【案例4-2】 深入实施长期护理保险制度

构建共同富裕惠民机制①

一、解决的问题

嘉善是浙江省较早进入老龄化的县（市、区）之一,老龄化程度较高。全县 60 岁以上老年人口 11.8 万人,占全县户籍总人口的 28.3%。其中失能、半失能老人有 6000 多人,社会化长期照护服务问题突出。如何解决长期失能人员的护理难题及经济负担,如何统筹城乡养老服务发展,构建共同富裕的惠民机制,是嘉善县近年养老

---

① 参见民政部网站 http://www.mca.gov.cn/article/xw/dfdt/201805/20180500009105.shtml。

服务工作中努力攻克的主要难题。

二、主要做法

2017 年,嘉善县在全省率先建立长期护理保险制度,不分城乡、不分年龄,覆盖全县职工基本医疗保险和城乡居民基本医疗保险的参保人员,年度最高参保人数达 54 万人。通过政府、医保基金和个人等三个层面合理分担,逐步建立健全长期缴费的工作机制(目前的筹集标准为每人每年 120 元,其中职工基本医疗保险参保人员个人缴纳 30 元、医保统筹基金筹资 30 元、政府补助 60 元;城乡居民基本医疗保险参保人员个人缴纳 30 元、政府补助 90 元。目前共筹资金 5216.33 万元,其中个人缴费 1319.60 万元、财政补助 3257.75 万元,医保统筹基金划转 638.98 万元)。该制度依据老年人失能失智状况,区分医疗机构、养老机构或居家护理等类型,分别给予相应补助。

(一)突出质量为本,强化顶层设计,建立健全制度体系

一是强化组织保障。县委、县政府将建立健全长期护理保险制度,列入县域科学发展示范点、长三角生态绿色一体化发展示范区"双示范"建设重点任务,多次召开会议进行专题研究。建立由县政府牵头,财政、医保、民政、卫健、残联等部门组成的长护险联席会议制度,每月召开工作会议,及时研究解决工作推进中遇到的问题,形成政府统一领导、部门各司其职的齐抓共管工作格局。同时,通过政府采购的形式,委托太平洋寿险嘉兴中心支公司参与长护险经办服务。

二是出台配套政策。在出台《关于建立长期护理保险制度的意见(试行)》的基础上,配套出台《长期护理保险统一需求评估办法》

《长期护理保险失智老年人评估管理办法(试行)》《长期护理保险服务机构定点管理办法》和《长期护理保险护理服务项目管理办法》《康复辅具租赁服务工作方案(试行)》等10多个政策文件,从机构准入、精准评估、标准化服务等方面,进一步完善长护险制度体系。

三是科学分类定标。将享受范围确定为因年老、疾病、伤残导致失能,经过不少于6个月的治疗,符合嘉善县长期护理统一需求评估标准,生活不能自理、需要长期护理的重度失能参保人员。根据老年人失能失智状况和护理服务类型,分别确定长护险待遇标准。对重度失能老年人,在医疗机构、养老机构接受护理的,分别按床日费标准的60%,给予每天最高72元、48元的补助,接受居家上门护理的,每月可享受1200元(以护理券为主),对中度失能老年人适当降低补助标准。根据老年人的实际需求,2019年又将失智老年人纳入评估服务对象范围,对重度失智老年人入住医疗机构、养老机构"失智症专区"的,分别给予每天54元、36元的补助,对中度失智老年人适当降低补助标准。

(二)突出精准专业,优化工作流程,形成特色评估体系

一是成立失能评估委员会。2017年,成立由县民政部门牵头,县财政、医保、卫健、残联等部门组成的长期护理保险失能评估委员会,聘请15名行业专家组成复核专家组,负责全县长期护理统一需求评估的协调指导、争议复核等工作。评估委员会办公室设在县民政局,具体负责长期护理保险统一需求评估的日常事务及协调工作。

二是健全长护险评估体系。借鉴上海市老年照护统一需求评估体系,研究制定嘉善县长期护理保险统一需求评估标准,将评估结果

分为一至六级,其中五级、六级为重度失能,三级、四级为中度失能。凡符合申请条件的对象可向所属村(社区)提出评估申请,经村(社区)初审后递交至镇(街道)进行复审,再由太保公司负责对申请人进行实地走访调查,最终递交失能评估委员会终审,符合条件的委派评估人员上门评估。评估采取"双盲"模式(即评估员与被评估老人都不能现场知道评估结果,具体的评估分数统一汇总到后台,由软件自动分类计算并通过人工核定最后确定)。评估人员分为A、B两类(A类评估员具有5年以上医疗专业工作经验,B类应具有2年以上社会工作经验)。同时,为确保失智评估工作的顺利进行,制定长期护理保险失智人员评估管理办法,将具有心理评估资质的人员纳入A类和B类人员中,其中A类应具有精神卫生专业临床执业医师资格,B类应具有国家心理咨询师资格。

三是常态化开展评估工作。依托镇(街道)卫生院职业医师、村(社区)民政助理和社工,分别组建长护险评估AB团队。每年邀请专家,就长期护理保险制度、护理评估管理办法、护理经办规程等内容,为全县评估员开展专业化的学习培训,并专门设置实操和考证环节,首批发放评估资格证170多张。推进长护险数字化改革,创新研发长护险评估APP,建立评估员考核机制,将原30个工作日的流程,优化到10个工作日出具评估结果。

三、成效

截至2021年12月底,累计受理长期护理保险申请15746件,完成评估13459件,评估等级达4级以上的有11612人,其中6级5397人,5级4988人,4级1227人。截至2021年12月底,累计共有7348

人享受到长护险待遇,累计基金支出 9967.22 万元,有效减轻了老年人家庭经济与精神负担,增强了广大老年人的获得感和幸福感,构建起了共同富裕的惠民新机制。

三、优化环境　扩大服务

人口老龄化,为我国的养老产业提供了广阔的发展空间。政府不断优化营商环境,通过促进产业发展,强化要素保障、提升服务能力,充分激发养老产业活力,扩大服务供给,使养老产业成为扩大服务内需、拉动经济消费、促进国民经济增长的重要产业,有助于满足多样化养老服务需求、不断夯实共同富裕物质基础。

（一）促进产业发展　更好满足需求

我国的养老产业还处于初期阶段,存在产品研发不足、供需矛盾失衡、布局结构不合理等问题。政府通过加强顶层设计,出台鼓励政策,大力振兴和发展养老产业,将更好地满足老年群体对美好生活的向往。

一是从战略的高度,科学制定养老产业的长远发展目标,并形成产业中长期发展战略,以促进养老产业健康发展。制定养老产业发展支持政策,将养老产业纳入重点产业发展规划,明确其发展的方向和重点,突出政策的聚焦点和着力点,鼓励各地因地制宜、从实际出发,勇于创新,引导养老产业健康发展。

二是通过扶持政策,配套优惠政策,推动发展。设立养老产业发展引导基金,扶持各地发挥其资源优势,建设养老产业园区;鼓励区域聚集发展,积极打造全国民间资本参与养老产业发展示范区;推动养老服务品牌化、连锁化、规模化发展,鼓励各地培育龙头企业,着力打造一批产业链长、覆盖范围广、经济社会效益显著的养老产业集群和为老服务品牌[①]。

三是适应未来养老产业融合发展趋势,实施"养老＋行业"行动。从养老市场需求出发,加强顶层设计,细化政策落地,通过扶持、鼓励以及培育等形式,推动养老与文化、旅游、餐饮、体育、家政、教育、养生、健康、金融、制造等行业的融合发展。在融合发展过程中,实行灵活的社会资本准入和弹性监管,引导老年人合理消费,提高老年人支付能力,并利用政府公信力,进一步加强对养老服务的宣传推介、消费引导和供需对接。

(二)强化要素保障 支撑产业发展

人才、土地、财税、水电等要素的保障,是引导社会力量积极提供养老服务的重要因素。其中发展养老服务的关键在于人才。目前,随着整个社会老龄化水平的不断提高,养老人才的短缺问题也日益严重,解决人才供给的问题已经迫在眉睫。同时,我国对营利性养老企业的扶持力度并不大,未来有必要加强要素保障,为我国养老服务高质量发展提供有力支撑。

拓宽人才培养途径。根据行业发展趋势,对养老相关专业进行动态调整,健全相应的课程标准,强化政校合作,引导普高、职高等院校加大对养老服务人才的培养力度,并由当地政府或企业提供减免学费和生活补贴,加大养老护理相关专业招生吸引力。同时,积极稳健推进"1＋X证

---

① 参见《浙江省老龄事业发展"十四五"规划》(浙发改规划〔2021〕198号)。

书"（"学历证书＋若干职业技能等级证书"）制度,大力发展养老服务、养老管理等养老相关专业与课程,不断扩大养老人才培养规模。鼓励高校自主培养老龄化领域如健康养老、科技养老等相关领域的高层次专业人才。积极推动养老领域产教融合,鼓励高校与优质机构共建养老服务实训基地,并探索将具备一定条件的养老机构发展成实习实训点①。对于在职医务人员,完善"多点执业"制度,引导医疗人才支持医养服务。

加大人才激励力度。畅通养老护理员职业发展渠道,完善统一职业技能等级标准制定与评定工作,针对不同职业技能等级的护理员,根据有关标准进行不同程度的补贴。完善养老服务岗位就业补贴和养老护理员特殊岗位津贴制度,对于专业对口高校毕业生从事一线养老服务行业的,实施"入职奖补"政策,并不断降低享受奖补政策从业年限要求,提高入职奖补标准,根据目前养老机构对人才需求呈现多样性的实际,持续扩大专业补贴范围。鼓励城乡未继续升学初高中毕业生、农村转移就业劳动者、城镇登记失业人员等,引导他们取得职业技术资格证书,并按照有关政策给予补助。完善养老从业人员和为老志愿者激励褒扬机制,通过多种形式举办职业技能大赛,营造发现人才、激励人才的良好氛围;设立养老护理员节日,促进社会对养老护理行业的理解和认可,提高护理员的职业荣誉感与自豪感;同时对与养老相关的稀缺人才,探索通过提高待遇、积分落户、纳入人才目录等优惠措施,吸引其积极加入。

强化土地保障。健全养老设施的扶持政策,同时出台相应的配套措施,加强对各类养老机构的用地支持。根据我国人口结构和老龄化趋势,

① 参见《"十四五"国家老龄事业发展和养老服务体系规划的通知》(国发〔2021〕35号)。

因地制宜提出养老设施用地规模、用地标准和布局原则。强化土地保障和土地储备,确保每年的建设用地供应,对涉及新建用地的,在年度用地规划中优先安排,做到应保尽保,同时对存量低效用地、乡镇行政区划调整中被撤并的乡镇闲置用地等进行改造,支持其为养老服务,盘活社会土地、房屋资源,充分发挥其在增加养老服务供给方面的作用。进一步落实差别化土地供应政策,鼓励营利性养老服务设施用地抵押贷款,并研究制定基准地价,进一步解决养老服务设施用地难题,减少企业固定资产投入,调动企业进入养老服务领域积极性。

深化落实财税水电价格支持政策。建立和完善与人口老龄化发展相适应的财政投入机制,不断加大中央预算内投资,加大对社会福利彩票公益金的支持,保障各地各级福利彩票公益金中55%以上的资金投入到养老事业中去。财政资金的支持方向,从过去重点解决量的不足,向支持质的提高转变,由补供方向补需方转变,引导提升养老服务质量。加强在财税价格方面的积极引导,落实税收优惠政策支持养老服务发展,激发企业创新发展活力,有效提供养老服务。对养老服务免征或减征增值税,水电气等价格执行居民价。在价格上可降低政府介入力度,充分发挥市场价格机制的作用,调节养老服务的供需关系。

（三）加大科研支持　提升服务能力

随着生活水平的提高,老年人对养老服务的需求也越来越多样。现阶段,我国的养老服务大多局限于生活照料,业态单一,用品单薄,缺乏科研、创新含量。未来政府需要加大对老龄科技研发的支持力度,通过促进养老服务新业态发展,加强老年用品开发,提升服务人员专业素养,让更多的老年人享受到优质多样的服务。

促进养老服务新业态发展。利用政府公信力，构建统一的养老数据平台，基于现代人工智能、物联网、云计算、大数据等新一代信息技术，加快人工智能、虚拟现实等新技术在养老服务领域的集成应用，推动养老产业智慧化升级，使养老服务信息更透明，获取各种服务更便捷，监督服务质量更精准。同时，支持有资源禀赋的地区，发展旅居养老、森林康养等健康养老产业，指引各类旅游景点、度假村开展适老化改造和建设，支持企业探索开发老年特色旅游产品，鼓励社会力量打造各类养老旅居设施，积极推进健康养老产业高品质发展，逐步形成多层次、多类型的养老服务发展新格局。

加强老年用品的开发。研究制定推进老年用品产业发展指导意见，加快完善老年用品标准，鼓励采用新材料、新工艺、新技术，强化老年产品技术研发。准确把握未来智能科技养老服务产品的发展趋势，以老年人养老需求为主导，围绕助老助残、家庭生活需求，针对家庭、社区、机构等不同应用环境，积极开发家政服务、情感陪护、娱乐休闲、安防监控、虚拟现实康复训练、失能失智康复照护等老年康复辅助器具、无障碍技术产品、智能穿戴设备与服务型机器人，增强老年人自理能力，减轻护理负担，让老年人能够获得更好的身心服务。

促进人才队伍提质。加强对养老服务类专业建设的支持，引导推动相关学科建设、全面提升人才培养质量。通过加大扶持力度、完善教学规范，强化教学资源建设，全面提升养老服务相关专业建设水平和人才培养质量。同时，根据养老护理员不同文化水平、不同接受能力的实际，研究制定方案，编写通俗易懂的培训教材，确保培训质量。同步推进养老护理员职业技能等级培训及考核工作,筹办养老领军人才高级研修班,提高投资理念和运营能力,并组织养老领军人才赴国外研修。支持企业开展养老护理培训基地建设及认定工作,指导企业重点抓好职工岗前培训、技能提升培训和开展职业技能等级认定,如采取现代学徒制培训模式,不断提升养老人才服务水平。

四、深化管理　提升品质

政府的重要职责之一,就是监管。通过推进标准化建设,促进服务规范发展;健全综合化监管,完善监管长效机制,保证服务质量;实施全面化风控,防范各种风险。通过全力以赴抓好养老服务管理工作,不断提升养老服务品质,让全国的老年人拥有更多的获得感、幸福感和满足感。

(一)推进标准建设　规范养老服务

标准体系是推动高质量发展的关键手段。积极推动养老服务标准化建设,充分发挥标准化的支撑和引导作用,是推进养老服务高质量可持续发展的重要举措。目前,我国养老服务标准化建设发展还不尽如人意,如标准体系不完善、数量偏少、质量偏低,因此,加快养老服务标准化建设势在必行。

在养老服务领域,目前已经颁布了 26 项国家和行业标准,包括养老机构服务安全基本规范、服务质量基本规范、等级划分和评定等,以及涉及服务类、管理类、建筑设施类等 30 余项立项在研的国家和行业标准。2022 年 1 月 1 日,我国首个养老服务领域出台的第一项强制性国家标准

《养老机构服务安全基本规范》及 8 项配套的相关行业标准正式开始实施,它明确了在养老机构中,老年人容易发生危害的多种情形,在此基础上最大程度地保障了其人身安全与健康。立足于这些国家标准和行业标准,我国将继续强化宣传推广,通过培训、论坛、讲座、展览等多种形式,加强养老服务标准的解读和宣传,通过推动国家标准的实施,指导相关机构通过认证,从而提高养老机构的整体服务水平。

同时,继续制定一批适应管理服务要求、体现中国特色且与国际接轨的养老服务行业标准①。在标准的制定上,也倡导养老服务行业制定超过最低标准的适度标准,鼓励和支持先进养老机构、社会组织形成高质量标准体系,起到带头引领作用。在标准的范围上,重点制定基础通用、行业急需、支撑保障等最低标准,确保建立起基本的框架体系,为老年人提供基本的服务规范,保障老年人的服务安全。

在标准的内容上,重点围绕居家养老和社区养老服务、医养结合服务、长期照护服务、智慧健康养老等领域开展。加快建立国家统一互认的养老服务质量标准、等级评定与认证体系,细化具体标准、评定和认证方法。同时,在标准的制订上,着重于提高养老服务标准的比重,并进一步推进强制性国家标准,以标准推动质量的提升②。

在标准的推广上,结合已有的试点示范单位,进行各种形式的培训与交流,进一步打造学标准、用标准的良好氛围③,持续开展养老服务标准化试点专项行动,从实践中总结经验,在试点下带动整体提升。

---

① 参见《"十四五"国家老龄事业发展和养老服务体系规划的通知》(国发〔2021〕35 号).
② 李玉玲. 我国养老服务质量建设的难点及治理研究[J]. 兰州学刊,2020(2):192-199.
③ 我国养老服务领域第一项强制性国家标准公布[J]. 中国民政,2020(2):35-38.

在标准建设的基础保障上,进一步加强养老服务标准化专家队伍的培养与建设,健全养老服务标准化人才队伍,并多层次开展培训工作,逐步提升业务水平。除此以外,加强与其他国家的合作,积极参加国际社会的养老服务标准化工作,促进中国养老服务标准与国际标准接轨、取长补短,并根据中国的实际情况适时提出国际标准提案,推动中国标准走向世界。

(二)健全综合监管　保证服务质量

目前,养老机构已全面取消设立许可,改由民政部门登记备案。在新的形势下,贯彻落实《国务院办公厅关于建立健全养老服务综合监管制度　促进养老服务高质量发展的意见》(国办发〔2020〕48 号),坚持公正监管、规范执法,建立健全职责明确、分工协作、科学有效的养老服务综合监管制度,健全综合化监管,从法治上加强对其规范和管理,有利于不断优化服务水平,促进养老服务的高质量发展。

明确监管重点,从质量安全、从业人员、相关资金、运营秩序以及突发事件五方面加强监管。在质量安全上,加强对建筑、消防、食品、卫生等关键环节的监管,进一步落实安全责任,消除风险隐患①;在从业人员上,持续推进持证上岗要求,依法严惩欺老、虐老等侵害行为;在相关资金的监管上,加大审计监督,依法严惩非法集资,重点监管医保基金使用、政府购买服务等环节;在运营秩序上,严惩无证经营的违法行为,严禁利用养老服务机构设施和场地开展与养老服务无关的活动;在突发事件上,进一步

---

① 参见《关于建立健全养老服务综合监管制度　促进养老服务高质量发展的意见》(国办发〔2020〕48 号)。

健全工作机制,提高养老机构的风险防范意识和应急处理能力。

落实监管责任。进一步加强政府主导责任,积极发挥其在规划、建设、执法等方面的主导作用。要切实落实好养老服务机构在服务质量、安全管理等方面的主体责任。行业强化自律,推行信用承诺,健全自律规范。加强对养老机构的信息公开,完善投诉和举报流程,使群众更好地发挥社会监督的功能。

不断创新监管方式。强化部门协作,以"双随机、一公开"为基本手段(随机抽取检查对象、随机选派执法人员、随机抽查情况、查处结果及时公开),重点监管为补充、以信用监管为基础的新型监管机制。建立健全养老机构备案信用承诺制度(备案申请人书面承诺养老服务机构按照有关法律法规和国家标准开展活动,书面承诺向社会公开,履约情况记入信用记录),健全信用监管,并通过养老服务领域政务信息和社会数据信息的共享运用,加强信息的共享开放。

(三)实施系统风控　防范重大风险

老年人群经受风险的能力弱,政府需要重点加以关注和关爱。实施系统化风控,为养老服务发展营造安全稳定的环境,并防范重大风险,对于养老服务健康发展至关重要。

我国将进一步规范养老服务市场秩序,建立"养老服务 + 信用"机制,充分运用各类信息平台如全国信用信息共享平台、中国社会组织政务服务平台等,建立包含从业者和老年人的信用管理体系[①],积极探索完善养

---

① 参见《"十四五"国家老龄事业发展和养老服务体系规划的通知》(国发〔2021〕35 号)。

老服务信用管理制度,依法实施信用评价、守信激励、失信惩戒等措施,对于失信被纳入黑名单的养老机构实行重点监管,以信用监管为导向,引导社会养老机构依法诚信经营。

同时,建立完善养老服务安全风险分级管控和隐患排查治理的制度规范,从风险点、类别、等级、措施等方面进行细化,并建立覆盖全程、全方位的隐患排查治理制度,全面提升养老服务机构安全风险自查自控自治的能力。

此外,持续完善事中事后监管制度,推进规范化建设。传统的事前监管以行政许可为手段,通过事前审批设定准入门槛。风险管理是事中监管的关键,它可以通过动态的监测和流程过程来实现对风险的防范和识别。而事后监管则是以行政手段来清理违法的市场主体,达到净化市场环境的目的。我国从注重事前审批转变为更加关注事中、事后监管,加强事中事后监管的组织领导,明确事中事后监管的职责划分与流程机制,以大幅降低安全风险,切实保障老年人切身权益。

第五章

唤醒家庭自主力　自强自立

我国社会长期存在着"百善孝为先""养儿防老"等传统养老思想,家庭在老年人养老中具有不可替代的作用。但随着经济社会的发展,独生子女家庭数量的增多,人口流动性的增强,家庭结构逐步小型化、核心化与空巢化,家庭的养老功能弱化,特别是在农村地区,空巢老人现象愈发普遍,老年人养老主体缺失问题突出。同时,传统家庭养老模式容易衍生出一种"依赖"与"被依赖"的关系,长辈们认为家庭成员就应该负责自己的晚年生活,所以晚年完全依赖于家庭的帮扶,而家庭成员尽管也认识到赡养老人是自己的法定责任,但时间一长也难免会觉得长辈们是累赘。双方这种消极的老龄观,进一步恶化了家庭关系,使老人依靠家庭养老更难。

虽然遇到了以上问题,但家庭仍然是老年人未来生活的主要场所,居家养老在未来相当长的一段时间内,也仍然是我国老人养老的主要形式。一方面,我国面临着人口老龄化程度不断加深的压力,老年人口数量和比重持续提升,单纯依靠养老机构及从业人员,不能够也不可能承载数以亿计的老年人养老服务工作;另一方面,居家养老是老年人首选的养老模式,在家养老、居家安老、齐家享老,是广大老年人对晚年生活的期盼之一。

在老年人的幸福晚年生活中,老年人自身及家庭成员扮演着不可替代的角色。随着新一代老人观念的转变、文化水平、富裕程度的提高,老年人及其家庭能够发挥更大的作用。通过倡导积极老龄观,调动老年人积极性,发扬自尊、自立、自强、自爱的"夕阳红"精神,发挥家庭在应对人口老龄化中的独特优势和重要作用,进而巩固家庭在养老中的基础地位和主体地位,更好地实现绝大多数老年人居家养老的愿望,对于提升共同富裕下老年人群体养老的获得感和幸福感,具有重要的意义。

一、未雨绸缪　全程准备

幸福晚年不是等来的。要实现晚年的幸福,需要每一个人在观念上更新,行动上做好准备。从"待老"到"养老"再到"享老"的理念转变,从"经济准备"到"健康保持"到"心理准备"的行动变化,每一个人都需要用自己的双手去创造一个美好的晚年。

(一)意识觉醒　观念转变

传统家庭养老建立在血缘或亲情之上,它侧重于强调老年人与家庭成员之间的内部关系,主要依靠家庭成员为老年人提供赡养和照料。在现代社会,家庭养老仍然是老人养老的主体,不同的是在家庭这个核心环境下,居家养老服务机构、企业、社区等可以把养老服务延伸到老年人家庭,可以为居家老年人提供全方位、多样化、个性化的上门服务,从而为家庭养老提供更多的支持,弥补家庭部分养老功能的不足。

与传统家庭养老强调老年人与家庭成员的"被赡养"与"赡养"关系不同,社会化的居家养老服务,强调的是老年人自身及其家庭与多种外部力量的"被支持"与"支持"的关系,追求的是在老年人身心状况允许的情况下,在子女、社区、社会组织等力量支持下,能够实现独立自主的养老。

从依赖到自立。老年人和家庭成员在养老中发挥着基础性作用,推动传统家庭养老模式向居家养老模式转变,需要从践行积极老龄观开始。老年人和家庭成员要在家庭内形成积极老龄观共识,老年人从依赖到自立,不将自己视为"无用者",在力所能及的范围内,自理自立,管理自己的生活,追求自己在年轻时未尽的梦想,在新的领域内干出一番大事业,或者承担家庭责任,帮助子女照料第三代,依靠自身的威望和经验,治理家庭,成为维系家庭亲情的核心,积极营造家庭和谐环境;家庭成员从"照料"到"协助",在孝顺老年人、主动履行赡养义务的同时,不再将老人一味地视为"依赖者",过度照料和关注,不让老人做其力所能及的事情,而是致力于为老人创造安全的环境、提供适宜的辅具,尽量让老人保持自理能力,尊重老人自身意愿,让其在社会和家庭生活中发挥应有的作用。

从"治病"到"防病"。老年人害怕生病、害怕死亡,但生病是一个过程。我们不能单纯只注重吃营养保健品、只注重疾病治疗,而更应该懂得科学的健康知识、注重防病。树立健康老龄化观念,通过科学、权威的渠道获取健康知识和技能,不断强化自我保健意识,学习自我监护知识,掌握自我健康管理技能。例如:定期参与体检和疾病筛查,尽早发现和规范治疗疾病;注重日常饮食膳食均衡,保证营养的合理摄入;开展适当适量适度的体育锻炼活动,通过参与体育锻炼维持身体机能,在选择体育锻炼项目时,运动的次数和时长要符合自己的身心状况;关注心理健康,多参与社交活动或志愿活动,或者培养自己的兴趣爱好,缓解孤独感和抑郁情绪;在情绪不佳时,学会主动寻求外界的帮助,通过心理援助热线,寻求心灵支持与慰藉等。通过努力保持健康,来提升晚年生活质量。

从养老到享老。把实现幸福颐养当作人生新阶段值得奋斗拼搏的一项事业,把美好的晚年生活把控在自己的手上。树立"享老"而不是"等老"的意识,主动思考什么样的晚年生活才是有意义的,要做什么,怎么做。对老年生活做出合乎实际的长期规划,从而学会享受时光、享受生命,实现愉悦安老。家庭成员要协助老年人制定规划,鼓励和支持老人去追求自己想要的晚年生活,并力所能及地给予帮助。

从家庭到社会。老年人不仅是家庭成员,而且依然是社会的重要一分子。老年人不能因为老了、行动不便,就将自己束缚在家庭的小天地里,要有走出家庭、走向自然和社会的意识。人总归是社会性的,老年人也要巩固发展自己的社会交往,积极参与社区、邻里活动、朋友聚会,维持和增强自己的社会支持网络,以更好地满足自身作为社会人的情感和精神需要。

(二)提前准备 行动有力

"巧妇难为无米之炊",实现美好愿望,需要有相应的能力做支撑。除了观念转变外,我们需要在未老之时就为晚年生活做准备,把具有长期影响的行为和需要长期训练习得的能力准备在前,而不要等到年老体衰、记忆力减退时,才来艰难地学习和准备。

未老时积极参加基本养老保险和基本医疗保险,尽力参加养老商业险,以提高未来养老保障能力。养老金是居民退休后的主要生活来源,参加基本养老保险,能够为老年人提供基本生活保障,从而避免因储蓄不足、家庭抗风险能力差带来的养老风险。同时,老年人又是疾病的多发群体,人一生中60%的医疗费用,通常花在老年阶段疾病的诊治上,医疗保障是否充分,同样关系到老年生活质量。因此,广大居民特别是非企业职工居民(包括目前选择自由职业或没有固定工作的人员),要提高对基本养老保险、基本医疗保险的认识和政策的了解,通过新闻媒体、宣传资料了解基本养老保险、医疗保险的作用,提高投保的自觉性和主动性,在年轻时为自己年老时增加一份保障。基本保险,顾名思义,提供的是兜底性、保障性的保险,如果想要获得更高层次保障水平或服务水平,就需要参加个人养老和医疗商业保险。目前在国家政策支持下,具有政策优惠性质的养老和医疗商业保险产品如雨后春笋般涌现,大幅降低了中低收入群体额外获得一份保障的门槛。广大居民可以根据自身的需要和经济能力,结合产品特性做出合理的选择。而高收入人群则可以选择购买商业性质更强的养老和医疗保险产品,从而获得更加强有力的保障。

未老时重视健康知识的学习、养成定期体检的习惯。人体衰老与罹患慢性疾病都是一个渐进的过程。研究表明,年轻时的生活习惯和行为习惯,对于年老时的身体状况、人的寿命,有着十分显著的影响。现在许多年轻人,因不良行为习惯,早早就患上了老年病,更加反映出了健康管理的重要性。个人在未老之时,要提高健康意识,定期参加健康体检,及时掌握身体健康状态,以便及早发现疾病苗头,实施早期干预;同时也要学习健康知识和常见病知识,进而及时发现身体异常征兆;学习养生保健、延缓身体机能衰老的知识和技能,保持和促进健康。此外,家庭环境对一个人的健康意识和行为也会产生影响,营造意识上重视健康、行动上促进健康的健康家庭氛围十分重要,需要全家人共同行动,子女尤其要躬身示范,带动老年人参与健康行动。

正视老年生活,改变不良习惯。人步入老年后,身体机能、精神状态以及社会生活都会出现明显的变化,老年人要学会正视这些变化。在未老之时,参与老年适应性学习,提高对老年生活的理解,学习了解老年生活中的变化及可能带来的影响,明白哪些是正常现象,从而能够以积极乐观的心态,从容不迫地步入老年,提高对老年生活的适应性。进入老年,要学会形成新的生活习惯,逐步改变年轻时可能存在的过于节约、不舍得提高生活质量、不注重膳食营养、不注重活动、不注重心理健康、熬夜酗酒等不良习惯,同时也要改变那些年轻时没有问题,但不适合老年人身体状况的行为,例如高强度运动、提拿重物、登高取物等危险动作。

我们不可能长生不老,但我们可以通过有意识地形成和保持适宜的健康行为,追求福寿安康、无疾而终。

(三)改造环境　助老自立

随着年龄增长,老年人机体功能不可避免地会出现功能性的退化。当完成日常活动的能力下降,甚至需要外界的支持才能完成一些活动时,自然而然就会产生对他人的"依赖性"。积极老龄观启发老年人主动适应这种"依赖性",并认识到,随着老龄产业的蓬勃发展,老年用品和辅具的发展,可为老年人摆脱或减轻这种依赖性创造更好的条件。通过加装硬件设施改造居家环境、利用适老辅助器具和社会上门服务,老年人能够在部分失能时,仍然在一定程度上保持自己的自主能力,居家自立养老。

人在步入老年后，感知机能、神经系统和运动机能会出现不同程度的退行性变化。因此，适合老年人的居住环境与年轻人的居住环境会存在较大的差异。例如许多老年人居住的是老旧小区或住房，存在基础设施薄弱、上下楼缺少电梯等问题，年轻人身体机能完好，体力充沛，爬楼梯不成问题，但对于腿脚不便甚至需要依靠轮椅出行的老年人来说，门口的台阶或下楼的楼梯，就成为走出家门的"拦路虎"。所以，老年人家庭根据老年人生理和心理特点，遵循安全性、无障碍性、舒适性的设计原则，为居家老人提供合适的住房、进行住房安全性和无障碍设施等方面的适老化改造，增强居住空间的适老性和包容性，对于提高老人居家养老的生活质量至关重要。

目前，在政府和企业开展家庭适老化改造过程中，由于老年人和家庭成员缺乏对住宅适老化改造的正确认识，这一工作的开展并不顺利。一方面，老年人及其家人不知道何为"适老化改造"以及为什么要进行适老化改造；另一方面，即使有部分老人及其家庭认识到了老人居住环境的不适，但听到"改造"这两个字，就会觉得大概需要大动干戈、在家里敲敲打打或者在改造期间需要搬到外面去居住，会觉得很麻烦。因此，很少有人主动或愿意进行住宅的适老化改造。因此，老年人和家庭成员要通过参观学习、亲身体验，正确理解住宅适老化改造的必要性、内容与意义，从不理解而抗拒适老化改造到了解适老化改造，进而接受适老化改造。老年人要理解身体机能有一个逐步退化的过程，过去宜居不代表未来宜居。家庭成员也要了解适老化改造能够给老年人带来的安全和便利，把家庭改造放在老人身体机能明显退化之前，以尽可能避免不可预知何时降临的风险给老年人带来的身心损害。不要等洗澡站不住摔倒后才安装洗澡椅,不要在卫生间内滑倒后才安装防滑地胶,不要坐在马桶上站不起来了才想到安装安全扶手……,一次晕倒、一次摔跤,对老年人而言,可能就是一次永久的伤害或部分失能的开始。

供老年人使用的各类辅助用具,是提高老年人自理能力的一大法宝。众多的科技辅具,能够在老人买菜、烹饪、饮食、洗浴、如厕、打扫卫生、搬拿物件、看书读报、服药用药、交流沟通、睡眠、外出游玩、日常活动、娱乐活动、健康锻炼等老年人日常生活场景中,给老年人带来便利。例如:拐杖、助行器能够方便老年人出行,降低跌倒风险;助听器能够帮助老年人听到或听清声音,便利老年人与外界的交流,促进老年人的社会交往,同时保持对大脑语言部分神经的刺激,延缓大脑衰老;智能药盒能够按时提醒老年人服药,帮助中老年人养成良好的服药习惯,避免因记忆力衰退导致忘记服药或重复吃药。在家庭内,要把辅具知识作为老年人的一项必学内容,提高辅具及功能的知晓率,当老年人遇到自主行为困难时,形成主动寻找相应辅具的意识;家庭成员要转变老年人理所当然会使用辅具的印象,形成使用辅具也需要学习的认知,协助老年人学习辅具的使用方法,陪伴其度过适应期,让老年人在使用辅具时感受到顺心好用,从而提高老年人对辅具的接受度,以充分发挥辅具的功能,延缓老人自立的时间。

另外,我们还可以教会老人,通过电话、手机、电脑等,在家一键获取各类居家上门服务。例如,通过互联网了解各种养老机构的信息,通过手机下单送餐、送菜和其他配送服务等,以解决出门远行力有不足、重物拿不动等问题。

二、老当益壮　凸显价值

人的一生有三分之一的时间是在老年,老年也是人生的重要阶段。老年人步入老年后,将有更多的时间可以自由支配,将有更多的精力可以专注自己想做的事。因此,应积极面对老年生活,把这一人生重要阶段打造成为一个黄金阶段,把年少时所向往的、年轻时所放弃的,在老年时重拾,弥补曾经的遗憾,实现曾经的梦想,取得新的成就,将老年生活过得丰富多彩,使自己的人生价值更加凸显。

（一）暮年有为　延创价值

生活水平的提升,医疗技术的发展,人均期望寿命的显著增长,使得老年人在退休时,拥有着比以前的老人更加健康的体魄和充沛的精力。随着老龄人口数量的上升,老年人作为劳动力及其拥有的人力资本存量,是社会宝贵的生产要素。对一些实践性较强的职业来说,老年人经验更丰富,技术更加熟练,心态更加沉稳,虽然他们在体力或精力上可能不如年轻人,但是他们依然能够为社会的发展贡献力量。

低龄老年人比重大,是当前和今后一段时间我国老龄化趋势的显著特点。根据第七次人口普查数据,2020 年,全国 60 周岁以上人口约 2.68 亿,占全国人口的 18.87%,其中,60～69 周岁的低龄老年人口 14740 万人,占老年人口的 55.83%。盘活这部分低龄健康老年人力资源,有助于推动产业结构转型,促进新经济的发展,解决由于少子化所带来的劳动力供应不足问题。开发老年人力资源,一方面可以增加老年人的收入,减轻家庭养育压力,提升家庭整体富裕水平;另一方面,可以充分利用老年人的智慧红利,弥补一些技术行业、知识经验密集型行业的人才供应不足。

老年人要逐渐形成"退休不退岗,退职不褪色"的有为意识,在自己身体还比较好时,采用多样化、灵活弹性的就业方式,在可以和能够发光发热的地方,继续为社会做出贡献。低龄健康老人可以主动申请适当延长工作年限,在原有岗位上继续奋斗;也可以选择再就业、自由职业、自主创业,体会不同职业带来的不同生活;或者在公益性岗位、志愿服务中,提升生命的价值。退休前有一定领域专长和社会地位的老年人,可以担任政府、企事业单位、行业协会或社会组织的领导者或顾问,继续推动企业和行业的健康发展、社会治理水平的提升。对于身体状况不理想的老年人,可以通过社区、就业中介服务组织,寻找简单、便捷、不需要太多体力的工作,如社区社工、交通维护员、社区店售货员等,或者以爱好作为晚年的职业,例如写作、摄影、饲养、种植等,既可以放松身心,又能获得一份收入。

老年人应主动接受老年就业教育。特别是选择了新的岗位的老年人,要通过培训提高职业匹配度和职业技能。要提高就业权益的保障意识,充分了解就业单位的背景,谨防落入陷阱。家庭成员要鼓励和帮助老年人走向社会,甄别就业机会,防止老年人上当受骗,协助老年人与用人单位签订劳动协议,督促用人单位加强老年人就业期间的安全和健康保障,让老人在安全的环境中发挥余热、创造价值。

(二)终身学习　跟上时代

中国有句俗话叫"活到老、学到老"。这话说起来容易,但做起来难。相较于提倡老年人能做什么就做些什么,会做什么就做些什么的"老有所为"，以及将老年人置于被动地位上的"老有所养"，"老有所学"展现的是老年人更新知识、与时俱进的主动姿态，不甘落后于时代的蓬勃朝气。老年人积极参与终身学习，不仅是满足自身日益增长的精神文化需求的基本方法，也是学习并掌握新知识新技术，从而在合适的岗位上发挥余热，为社会做出更大贡献的重要途径，更是适应老年生活，保持自尊、自立、自强、自爱，提升被尊重感，在更高层次上实现人生价值的有效方法。

近年来，我国积极推动老年人教育事业的发展，开办数量众多的具有福利性、普惠性的老年教育机构，为老年人的终身学习提供了广泛的平台和全方位的学习支持与服务。截至 2020 年年底，全国各级各类老年大学（学校、学习点）8 万多所（个），注册学员 1400 多万人。建成 29 所省级老年开放大学，线下培训 350 万人次，线上培训 8000 万人次。第三年龄大学联盟成员单位已有 221 所院校。在 216 个市（地）、689 个县（市、区）、4856 个乡镇（街道）、26698 个村（社区）设立有老年教育学习点。各省级老年教育或终身学习平台共注册学员 630 万人，访问量超过 8000 万人次①。除了规范化的教育机构外，老干部局、养老机构、老年人活动中心、老年人志愿服务队等各类为老服务组织，也为老年人提供了丰富的课程内容，电视、网络和手机学习平台的兴起，更为老年人提供了更加便捷的学习渠道。此外，还有众多社会力量开始创办市场化的老年大学，为老年人提供更加专业、个性、定制化的教育培训服务，教学内容也延展至文体娱乐、健康养生、科学技术等不同领域②。在国家支持和老年人消费能力

---

① 国家卫健委. 2020 年度国家老龄事业发展公报［EB/OL］，htps：//www. cn-healthcare. com/article/20211015/con- tent-561338. html.

② 罗珊珊，赵秀芹，付明丽. 老年大学惠及更多老年人［N］. 人民日报，2021-09-22（19）.

提升的情况下,社会办老年大学有望继续发展,进而更好地满足老年人多样化的学习需求。

在这样的背景下,老年人要树立终身学习意识,利用好国家、社会创造的学习机会、开放的学习平台、共享的学习资源,通过各种渠道和线上线下学习方式,学习有益于身心健康、发挥余热、丰富精神世界的知识和才艺。

在新阶段,老年人还可以从学生转变为老师。因为每个老年人都是经验丰富的人生导师,拥有经年累月形成的一技之长,完全可以成为知识和经验的贡献者、分享者和传播者。老年人可以聚集志同道合的邻里亲朋,组建学习小组,在家里或社区里举办读书会、诗歌会、书画会、书屋、讲坛等学习交流活动,亦师亦友,亦师亦徒,打造一个互助学习、携手进步的老龄学习圈。老年人也可以走进大中专院校、中小学校,作为资深党员、资深专业人士或重大事件的亲历者,宣传党的路线、方针、政策,传授专业知识和技能。

【案例 5-1】　一个"银发学习圈"

潘嘉森是余姚市黄家埠镇的一位退休老教师,也是一位把书籍看作良师益友,把邻居当作同窗好友,把"书迷"交作知心朋友的有为老人。在他的影响下,黄家埠镇形成了一个"银发学习圈"。

1998 年,潘嘉森出资万元,在自家办起了阅览室,挂出了老年活动室的牌子。每周,他都会组织周边老人读报、议报、剪报。渐渐地,在潘嘉森身边汇集了一群爱读书的老人。老人们彼此交流读书心得,沉浸在阅读的快乐中。其间,潘嘉森还研发了父子问读、夫妻研读、渔民唱读、婆媳教读、耄耋静读、爷孙晨读、婆孙跟读等 18 种读书形式。

2001 年，潘嘉森集资两万余元，以读书增知添趣延寿为目标，办起了"农家书屋"。"农家书屋"藏书达 1500 余册，墙上挂了几十本资料簿，上面分别标注着"植棉文化""梅园文化""围涂文化""长寿文化"等字样，资料簿中是老人们从各类期刊上剪下来的知识集锦。每天，来"农家书屋"借阅图书的老人络绎不绝。

为展示老人们的学习成果，潘嘉森在自家的围墙外侧建起了 12 平方米的学习窗。开辟了农家书屋、红色寻访、银族之声、百姓讲坛等 8 个栏目，定期更换内容。借助这个平台，不仅可以将老人们的读书成果展示出来，还可以让过路人学习。

2006 年，为了让更多老人学到知识，潘嘉森开设了乡村百姓讲坛，义务为周边的老百姓宣讲政策、传播知识。一张球桌、几条板凳，成为村民们求知、求富、求乐的"大课堂"，村民们更是热情地称其为"阿拉的百姓讲坛"。"百姓讲坛"每逢周五都会组织活动，每逢月末，都会举行一次时事专题讲座。这些学习活动以宣传党的方针政策和传播先进文化为宗旨，以老百姓关注的热点问题和群众喜闻乐见的事例为题材。不但同村人爱听，还吸引了周边村庄的村民前来聆听。越来越多的退休教师、党员、村干部、文化志愿者加入这支草根宣讲员队伍。这些草根宣讲员因为语言通俗易懂，讲述生动活泼，拥有了大批"粉丝"。

（资料来源：教育部. 浙江省发力老年教育［EB/OL］，http://www. moe. gov. cn/jyb_xwfb/s6319/zb_2016n/2016_zb06/16zb06_sqlnjy/201611/t20161108_288123_1. html）

（三）文体共融　精神富足

共同富裕是物质富裕和精神富足的统一,在物质生活富裕的基础上,更要进一步追求精神生活的富足。丰富多彩的文化体育休闲活动,能够充实老年人的精神世界,强壮老年人的身心体魄,扩大老年人人际交往圈子,让晚年生活异彩纷呈,充满乐趣。

老年人除了在家中读书、看报、看电视外,也应该经常走出封闭的房屋空间,在和煦的阳光下,结朋伴友谈天说地,无论是国际新闻、国家大事、社会民生,还是往事回忆、养生保健、日常琐事,通过简单讨论和交流,能够有效排解老年人闷在家里的百无聊赖,减少孤独感、无力感,降低出现心理健康问题的风险。

书画、诗歌、朗诵、音乐、舞蹈、戏曲等活动,都是陶冶情操的好方式。精力充沛、空闲时间较多的老年人,可以积极参与这些文艺活动。老年人可以根据自己的兴趣爱好,主动向社区和机构了解相关的老年人文艺组织,报名参与其中。如果是专业人才,更可以发挥"教传带练"的作用,组建老年人文艺团体,带领一批业余爱好者,开展相关活动。积极参与老年文化艺术节、老年文艺汇演、老年晚会、老年书画大赛等文化展示活动,展示老年人的才艺和风采,可以愉悦心情,提高自身存在感、成就感和自豪感。

低龄健康老年人要改变寻找养生偏方、痴迷于吃保健品的不良保健方式,养成规律运动锻炼的习惯。通过休闲活动和体育运动强身健体,锻炼大脑和肌体功能,延缓身体器官的老化与衰退,预防老年病,保持身心健康。身体状况较好时,可以参与操舞、太极拳、健身气功、打拳等活动量较大的运动，而身体状况不佳时，则可以参与散步、健身走、钓鱼、棋牌等低强度的休闲活动。建立科学运动的意识，遵守适时适度适量的原则，做好安全评估、风险防范措施。家庭成员应积极学习老年人科学健身的相关知识，指导老年人科学健身，将活动健身与健康教育和健康管理相结合。

【案例 5-2】　绿城老年合唱团：另一种生活方式

杭州绿城合唱团成立于 1999 年，它得到了西湖区文新街道和绿城集团的支持，是一个以街道居民和绿城业主为主要成员的合唱团，团员平均年龄 70 岁。合唱团成员来自各种职业，包括律师、教授、工程师等。虽然他们来自各行各业，但在歌唱之后，他们成为一群亲密的人。

每周四和周六是合唱团的排练时间。大家约定在下午一点半至三点半进行排练，但不少团员不到十二点就赶来，提前聚在一起合练。在整体排练结束后，许多团员也会继续留下来"加练"，大家都很好学，非常认真。有团员刚入团时，觉得自己唱得不好，还自费去音乐学校学声乐。这样的日子已经持续了近 20 年，除了春节等特殊节日以外，不管风吹雨打，排练从未间断。因为内心喜欢这个团队，团员们不管多远都会准时到。有阿姨住得较远，需要转车两次，坐车一个多小时才能到达排练地点，但她每次都选择提前到达排练大厅。

合唱团成立以来，几乎拿遍了杭州各类合唱比赛的奖项，还曾经获得 2010 年中国绍兴第六届世界合唱比赛混声组银奖，2012 年美国辛辛那提第七届世界合唱比赛民谣组铜奖。绿城"红叶行动"十年来，每年的"绿之恋"晚会上，绿城合唱团经常压轴出场，获得无数的掌声。

通过参与合唱团,许多老年人的旧生活被改变了,变得更加快乐和乐于社交。因为合唱团,团员们成了生活中的好朋友。隔三差五到各团员家中走访,有时大家聚在一起就会即兴来一段合唱。大家都很珍惜这段因为音乐带来的友情。

(资料来源:澎湃新闻.杭州这支老年合唱团不简单,平均年纪70岁,还得过国际大奖[EB/OL].https://www.thepaper.cn/newsDetail_forward_2722193.)

三、量力而行　多元享老

支付能力是决定老年人能够享受到何种程度的养老服务的重要因素。由于共同富裕不是同时富裕、同等富裕、同步富裕,不是整齐划一的平均主义,是仍然存在一定差距的共同富裕①。即使实现了共同富裕,不同老年人及家庭的支付能力也还存在差异。因此,老年人及其家庭要学会根据自身支付能力,进行适宜的消费、选择可负担的养老服务。

(一)量入为出　无忧养老

目前,我国通过社会保险、社会救济、社会福利、优抚安置、最低生活保障等制度,来保障老年人的基本生活。经过长期努力,截至2021年11

---

① 杨雅玲,张东岳.共同富裕的深刻内涵和实现路径[N].中国纪检监察报,2021-09-23(8).

月末,全国基本养老保险参保人数已经达到 10.25 亿人,参保率超过 91%①,基本养老保险为保障老年人的基本生活底线奠定了坚实的基础。

在实现共同富裕的进程中,政府采取"提低"行动,进一步提高基本保障水平,夯实织密保障服务网。但政府保障只能解决兜底性和基本性的养老问题,要满足多层次多样化的养老服务需求,我国居民需要根据自身的能力,加强第二支柱和第三支柱养老保险。对于个人而言,要提高自主养老责任意识,为养老做长远的资金规划,通过购买养老储蓄存款、养老理财和基金、专属养老保险、商业养老金等,夯实自身的养老储备资金,为未来的养老支出作好准备。

家庭经济条件一般、支付能力基本依赖于政府制度与政策支持的老年人,要坚持"开源节流、量入为出"的原则,以维护生命健康和维持基本日常生活开销为目标,综合考虑政府保障资金、家庭成员支持和个人储蓄的水平,主要选择接受家庭成员提供的以及政府保障供给的基本养老服务。家庭成员要为老年人养老生活提供额外的资金支持,在政策范围内为老年人争取政府和社会组织的帮助。老年人在身体条件允许的情况下,也可适当从事一些力所能及的工作,一方面增加收入,补贴家用,另一方面也可以使自己能够购买获得更好的养老服务。

(二)量体裁衣 优质养老

对于家庭经济条件较好,支付能力更多依靠自身和家庭成员、选择自由度较高的老年人,可依据"量体裁衣"的原则,以满足普遍需求和少量个

---

① 新华社.全国基本养老保险参保人数达 10.25 亿人[EB/OL],http://www.gov.cn/xinwen/2022-02/01/content_5671601.htm.

性化需求为目标,综合考虑个人支付能力和家庭成员支持力度,主要选择购买政府通过支持公益性社会机构或市场主体提供的普惠性养老服务,使自己能够获得较高水平、较高质量的服务。

现在和今后一段时间里的老年人,经历过国家经济困难时期,过过苦日子,养成了艰苦朴素的生活作风,骨子里传承着勤俭持家的中华民族优良作风。改革开放后,许多老年人虽然经济上富裕起来了,但依然保持着勤俭节约的生活方式,这值得称赞。但也要看到,部分老年人过度节俭,抑制各种真实客观存在的需求,或者为了子女、孙辈积攒财富,舍不得吃、穿、用,把好日子过成了苦日子,这不仅不利于老年人保持较长的健康期,获得其应有的晚年生活,而且会导致早衰以及后期的医药费用的增加。

因此,一方面老人自己要转变观念、改变习惯,学会适当享受;另一方面也需要家庭成员进行引导,促使他们改变"抠门"过日子的观念和"紧巴巴"的消费习惯,引导他们把钱用在自己需要的地方,特别是真正有助于维护生命健康安全的地方。物质条件不改善,生命质量不提升,疾病和烦忧不减少,后期看病吃药的费用反而会更多,得不偿失。家庭成员同时也要更加关怀老年人,力所能及地主动为他们创造舒心舒适的生活条件。

（三）量出为谋　舒享养老

从 2020 年开始,乘着改革开放的第一道风口"一跃上天"的 60 后,这一边富边老的人群逐步进入老年。这批老年人中,不乏支付能力强、消费意愿高、家庭支撑力度大的群体。这些老年人可以遵循"量出为入"的原则,以满足自主的、个性化需求为目标,明确个人所需要的完全由市场供给的各项高品质养老服务内容和项目,例如养老金融、旅居康养、老年用品、老年娱乐、高端照护等服务，统筹安排个人和家庭成员的资金进行购买，使自己能够获得多样化、个人化、定制化的服务，过上改善型、舒享型老年生活。

目前在老年人消费市场和养老照护服务市场中，至少还存在着三方面的问题：一是专门的老年用品和高端服务市场发展不久，品牌大多还没彰显，老年人对相关产品和服务的知晓率不足、信任度不高；二是市场供给能力还不足，可能老年人需要的产品和服务还没有，或者品质不高，或者品质高但仍过于昂贵；三是市场秩序还需要治理，在市场中仍存在着一些虚假宣传和欺诈，例如针对老年人的保健品消费欺诈、养老公寓非法集资诈骗等。解决这些问题，需要政府、市场和家庭的共同努力。从家庭角度来说，老年人和家庭成员要学会充分了解老年人服务市场有哪些适老产品和服务；家庭成员多关注家中老人的需求和消费，帮助老年人甄别筛选，成为一道"过滤网"和"安全网"，将可信可靠可用的产品和服务推荐或购买给老年人，或者陪同老人一起购买或到实地考察；同时也要运用媒体报道、典型案例等材料，向老年人分析常见的诈骗方法和手段，帮助老年人提高防骗意识和骗术识别能力，从而避免受到不法分子的侵害或者减少受骗后的损失。

四、敬老孝老　传承光大

孝亲敬老是中华民族优秀传统文化中重要组成部分，在共同富裕的背景下，家庭成员作为家中老人养老责任主体，要进一步将其发扬光大。

我国的孝亲敬老文化，可凝结成"孝顺"两字。"孝"就是尽心赡养侍奉父母，尊敬爱护老人，主要讲的是照顾起居、关心健康，尽力满足老人的生理需要；"顺"就是顺从，依老人的意愿行事，主要指在养老方式、生活习惯和兴趣爱好等方面，注重老人的面子、尊重老人的意愿、照顾到老人的心情，主要侧重于抚慰心灵和精神需求的满足。孝顺是家庭成员的道德义务，其中赡养老人更是法定的责任，它像黏合剂一样，把家庭成员、上下代之间紧密地黏合在一起，共同促进家庭的兴旺。

（一）学法懂法　保障权益

实现共同富裕离不开法治保障。社会上一些侵害老年人的现象，不仅使老年人的财产蒙受损失，更危害老年人的生命安全和心理健康。推动老年人群体的共同富裕，需要加强普法教育。

法律是保障老年人权益的最后防线，我国的宪法、民法典、刑法都有保障老年人权益的内容。此外，我国还出台了《老年人权益保障法》这一旨在保障老年人合法权益、发展老龄事业的专门法律，对老年人享有的一般性权益和专属权益进行了细化规定。调整老年人与家庭成员的关系，是上述涉老法律的重要内容。例如《宪法》第四十九条规定：父母有抚养教育未成年子女的义务，成年子女有赡养扶助父母的义务。《老年人权益保障法》第十四条规定：赡养人应当履行对老年人经济上供养、生活上照料和精神上慰藉的义务，照顾老年人的特殊需要。因此，孝亲敬老不仅仅是家庭成员的道德义务，更是法律责任，每一个人都应该学法懂法，履行好赡养父母的法定义务。

老年人要学会用法律维护自身的权益。在现实生活中，老年人往往受制于年龄和身体状况，在家庭中处于较弱势的地位，使得其合法权益易受侵犯。但现实中，通过法律使问题得以解决的相对较少。其中很大一部分原因，是老年群体的法律意识相对淡薄，对通过法律途径解决问题心存疑虑或困惑，或者是存在着"家丑不可外扬"的思想，不愿意诉诸法律。为此，老年人要和家庭成员共同学习保障老年人权益的法律条文，特别是要系统学习《老年人权益保障法》，提高运用法律手段维护自身合法权利的意识，能够运用相关的法律援助机制，在权益遭受侵犯时，获得法律援助机构和人员的帮助。同时，也能够促使家庭成员更好地树立义务观念，了解哪些行为是违反法律的，从而履行好自己的义务，促进家庭和睦。

《中共中央 国务院关于加强新时代老龄工作的意见》中，对老年人法制保障提出了新要求，希望能够对老年人权益保障作出更有针对性、更具操作性的规定。未来老年人可以在相关法律法规的制定和修订过程中，参与其中，特别是在草案征求意见的环节，主动反映老年人群体的呼声，以便以后能够运用法律更好地保护自己的权益。

（二）传承文化 孝德弥新

孝顺长辈，是人类的美德。孝文化的传承和发扬光大，是中国走向精神共同富裕的必要组成部分。从人类自身来看，每个人都是由少年而青年再进入中年、老年，先为人子女而后为人父母。长辈们在为家庭和社会贡献了毕生的精力以后，理应受到家庭成员和全社会的敬重，得到优先的照顾。

传承孝文化的关键在于长辈们的言传身教。人生有两件事不能等：一是行善，二是尽孝。每个人都会变老，每个人都不希望自己到了晚年，子孙们将自己抛之脑后，视为累赘，不闻不问，不亲不爱。如果长辈只在口头上对孝高谈阔论,但言行不一,对自己的父母,对社会上的其他老年人漠不关心,甚至横眉冷对,那么子孙后代可能在潜移默化的影响之下,将来也会对你不管不顾。关爱老人也就是关爱明天的自己,作为长辈,首先要切切实实将孝文化转化为孝行动,从自己做起、从当下做起,关心和爱护自己家庭里的老人,同时尽己所能关爱身边的其他老人。以自己的所作所为,为下一代树立敬老孝老的榜样,让孝老文化得以代代相传。

(三)建设家风　促进幸福

家庭是社会的最小单位,家庭实现了和谐,社会和谐就有了保证。家风是一个家族的道德准则和行为规范,良好的家风不仅能够促进家庭和睦、使家庭成员终身受益,更能够带动良好的社会风气形成①。将中华优良传统中的孝亲敬老文化,在家族家庭内以家风家训的形式固定传承下来,既能够推动家族的团结、传承和繁荣兴旺,又能够促进社会的和谐稳定。

在我国一些宗族关系较为紧密的地区,依然保留着千百年来遗存下来的好家风好家训。在这些家风家训中,普遍有孝亲敬老的内容。它们或是刻印在宗族的祠堂内,或是书写在宗族家谱之上,通过长辈们在家族内的口口相传,以身示范而代代流传。时至今日,在人口大范围流动、多元文化交织交融的背景之下,这种通过宗族关系传承家风的方式,也面临着新的挑战。如何通过创新和搭建多元化载体,传承家风家训,是新时期一个家族和家庭需要思考与解决的问题。

---

① 中国文明网. 传承好家风需要多元化载体[EB/OL], http://www. wenming. cn/wmpl_pd/msss/201811/t20181108_4889958. shtml.

从小事做起。家庭成员要将孝亲敬老的家风,融入老人身边小事,例如买米买油、做菜烧饭、铺床换被、捶背洗脚、陪护陪聊、指导使用手机与电器、配药与提醒吃药、安装扶手、添置洗澡椅等,从小事情中见大风范,在让老人切实感受到自己被关心和爱护的同时,帮助老人解决其力所不能及的生活问题。

常回家看看。要把良好家风家训植入传统节日中,在除夕、春节、元宵节、中秋节、重阳节等寓意家庭团圆的节日以及老年人的生日里,常回家看看。在条件允许的情况下,尽量与老人居住在一起,以便早晚都能关注到老人;或者尽量与老人居住在一个区域,以便经常走动,了解老人需求;对于没有居住在一起的独居老人,除可以在客厅或餐厅等活动区域安装摄像头以平时观察老人的活动和饮食外,还可以每周定期通过视频问寒问暖、通过快递寄送食物和生日蛋糕等。外出的子女,还要不定期回家并带上自己子女回到老人家中看望,吃一顿团圆饭,唠唠家长里短,捎去平安与喜乐,和视频、物品相比,这些切身能够感知到的行动,更能让老年人感受到温暖,更能让老年人享受儿孙绕膝的天伦之乐。

互助助老。接受尊老、爱老、敬老、助老的美德教育,在潜移默化中接受良好家风家训的熏陶和洗礼,更让好家风根植于心,把接受的观念转化成切实的行动,积极参与各种形式的孝亲敬老互助活动,在点滴小事之中彰显互助的力量。例如:返乡之时,为邻居的老人或社区、村里的孤寡老人也送去一份礼物;响应号召,为社区和村里建设养老院、互助院、老年食堂等贡献一份力量。社区、村内的老龄事业发展,受益的是全体老年人,参与其中,既有益于自己的父母,也能够帮助其他老人。外出的子女,可以积极参与"时间银行"活动,通过提供帮助其他老年人的志愿服务,将在

"时间银行"获得的积分,转赠给自己的父母,让自己的父母也享受到当地志愿养老服务带来的便利。

尽力为老人购买养老服务。许多老年人对养老服务有需求,但消费意愿、消费能力不强。这一方面是由于他们长期节俭,不舍得吃穿用,过惯了节衣缩食的生活,另一方面他们对新出现的社会养老服务的类型、内容不甚清楚,同时由于缺乏鉴别能力,担心上当受骗。因此,作为子女,要尽力为老年人购买适宜的养老服务。子女要通过细致观察、主动询问,了解老年人的养老服务需求,通过带老人去参加体检之类的方式,间接了解老年人的身心状态,以及在照护过程中发现需要。然后通过政府渠道或正规市场,寻找适当的服务,最大限度地满足老年人的需求。

总之,家庭是老年人最主要或者最想要的栖息之所,让可以在家养老的老年人尽可能实现并享受安全、便利的居家养老,是养老领域共同富裕追求的目标,因为它是社会成本最低、最经济的养老方式,也是能够享受天伦之乐、最幸福的养老方式。要实现这个目标,关键在于老年人及家庭成员自主养老能力的提升,这既需要政府、企业和社会组织的赋能,更需要老年人及家庭成员在养老理念上转变、角色上转换、行动上转向,把积极老龄化观念贯穿始终,勇于做自己老龄生活的主人,主动去创造美好的晚年生活。

第六章

发展企业服务力　共创共享

　　随着国民富裕程度的提高和老龄化程度的加深，我国养老服务需求将呈现总量和品质要求双双提升的发展态势，这将为我国养老服务市场的发展带来极大的机遇和挑战。由于家庭自身养老照护能力有限，同时仅仅依靠政府提供的基本养老服务，无法满足人民群众日益多样化、品质化、个性化的养老服务需求，因此需要充分发挥市场的力量，通过壮大企业服务力，提供更加丰富多元的为老服务，来满足不同银发群体的市场化消费需求。

　　而作为市场主体的企业，要提升为老服务供给能力，首先需要在充分了解市场需求的前提下，以需求为导向，找到适合自身发展的合适赛道，同时在对应赛道上加快自身服务供给能力建设，不断丰富服务供给内容，提升服务供给质量，才能获得老百姓的认可与信任，在市场竞争中脱颖而出。进一步地，为了提升服务质量和适应老年人的需求特点，企业还需建立全人全程服务理念，不同企业之间通过协同利用资源、联合开展服务，功能互补、各尽其责，共同作为为老服务的主力军，助力家庭和政府，为老年人提供更多产品、更多服务、更多便利，以更好地满足新时代老年人的多样化需求。为老服务行业要通过科技创新、品牌打造、产业生态链完善，推动老龄产业发展、企业规模扩大和整体服务质量提升，从而在促进经济发展和共同富裕的同时，让老年群体能够生活得更有品质、更有尊严、更加幸福。

一、需求导向 功能互补

随着富足物质基础的持续建设与全民教育认知水平的不断提升，新一代老人开始将更多的目光转移到自己身上，开始懂得享受晚年生活、珍惜老年时光，消费观念与消费需求将发生质的改变。越来越多的老人期望能够获得多样化养老服务内容，拥有更多选择；期望能够得到专业化的养老服务，优享舒适生活；希望得到的产品和服务，能够根据个人偏好与生理特征进行差异化调整，获得精准的惬意体验。如果过去人们对养老服务供给的要求只停留在"有没有"，那么如今人们已经更加关注养老服务供给质量上的"好不好"以及"适合不适合自己"。

随着需求端的改变，很快我们将迎来万亿规模的老年消费市场。未来的老年消费服务市场，健康、教育、文娱、金融等方面满足各类不同需求的老年产品开发将琳琅满目，品牌化、高品质的老年特色消费产品占比将大大提高，可持续的养老服务体系将日益完善……在这样的为老服务市场发展过程中，首先需要企业找准自己的市场定位、打造自己的核心竞争力和可持续发展能力。

（一）找准市场定位 凸显自身价值

任何企业所拥有的资源和能力都是有限的。同样的资源和能力，用于为不同的对象提供不同的服务,其所能创造的价值和形成的竞争优势是不同的。所以,企业要提高有限资源和能力的价值,就必须找准服务对象、准确界定服务内容,也就是要寻准市场定位。

1. 洞察行业态势　知势谋局

随着近年国家层面一系列养老服务发展中长期规划以及实施方案的发布,"积极应对人口老龄化"已上升为我国国家战略。养老服务市场将是撬动经济增长的下一个蓝海产业。企业顺势而为、借力行业风口,将大大加快企业成长步伐,提升企业市场价值。

虽然市场前景美好,但是由于养老服务供给事关民生福祉、社会稳定,以及老年群体有别于其他消费群体等的特点,因此,政府和民众的关注度高、政策性强,同时经营者需要适应老年群体的消费观念、需求特点和消费行为特点,注重品牌建设。因此,这块蛋糕并不好啃。企业在布局入场之前,需深入了解政府政策导向、行业发展水平、市场供需关系、消费者行为偏好等综合信息,加强前期研究,全面立体、深入洞悉行业发展特点和政策趋势,把握市场动态格局和老年消费市场特点,以大致确定本企业可以和愿意进入的老年服务领域。

2. 注重竞争分析　知己知彼

竞争分析是指企业根据拟进入的经营领域,确定主要竞争对手及其产品或服务,研究竞争企业触达老年消费群体的渠道、营销策略,了解竞争企业主要核心技术、经营成效、服务对象评价等情况,以结合本企业的经营实力,确定本企业的服务定位、业务竞争策略等的过程。在宏观环境中找准大致经营方向后,为进一步明确自身具体发展路径,企业还需通过竞争分析,明确自身在目标市场中的潜在优势和竞争劣势。

扎实的竞争分析,不仅可以帮助企业紧跟养老服务市场形势与前沿科学技术,更深入地理解老年消费和服务市场的特点,了解拟进入领域的经营特点和消费者需求、行为,学习先行企业的老年市场营销策略和业务组合,而且能够发现在同一领域中的企业各自的优劣点、规避竞争对手所犯的错误,在规避风险的同时,还可以发现亟需填补的空白领域或还需增强的服务薄弱环节,寻找到合理的盈利模式,从而更好地明确自身的经营定位和业务发展策略。

3.结合自身特点　明确定位

商业的本质是价值创造。能创造更多价值的企业,自然能在市场竞争中脱颖而出。一提到成功企业,人们往往认为只有前沿热点领域才能让企业快速发展、实现高盈利增长。但事实上,热门行业往往会涌入大量同行,市场竞争更为激烈,存活条件可能更为艰难。同时,据《华尔街日报》对美国排名前1000的大型企业(1999—2004年)的长期研究显示,相同行业不同企业之间的平均差异回报,要远大于不同行业之间的平均差异回报。这说明,行业热度对企业经营表现的决定程度,实际上并没有我们想象的那么具有决定性的影响。显然,对于每个行业内的龙头企业而言,在通过敏锐的洞察和扎实的竞争分析的基础上,结合自身优势与特点,进行准确的目标顾客和顾客价值定位,才是其脱颖而出的核心原因。

企业在紧跟宏观经济发展大势、关注行业动态走向的同时,更应根植于对消费者需求的洞悉,以消费者需求为中心,结合自身特点与优势,明确市场定位,驱动企业能力建设与价值重塑。老年消费和服务市场需求多种多样,一般而言,仅凭一家企业之力,无法包揽所有服务供给。对于不同企业而言,为在老年服务市场中占得一席之位,企业首先应通过战略分析明确市场定位,选择适合自身发展的赛道。物业和家政企业,可以发展提供日常照料、家政服务等满足老人生理需求的居家养老服务业务;具备充裕医养资源的企业,可选择医疗护理、健康管理类养老服务供给,满足老年群体的健康服务需求;具备更多教育、旅游、文体类资源的企业,可倾向于发展老年教育服务、老年休闲服务供给等满足老年人社交、尊重和自我实现需求的业务;互联网企业或金融企业,可以开发老年人游戏、老年金融保险产品;制造型企业,可以往老年用品、保健品、教玩具、辅具等方向发展。

（二）打造竞争优势　确立行业地位

缺乏竞争力的产品(服务)终将被市场淘汰。在产业初始发展阶段,市场将处于增量竞争阶段。在明确市场定位、确立自身业务发展方向后,为区别于同质产品(服务)、在行业内获得生存和发展,企业需要洞察客户偏好,通过产品创新、营销创新、服务创新,打造自身产品(服务)的竞争力,巩固和发展行业市场地位。

1. 洞察客户偏好　开发适宜产品

相关研究表明,消费者偏好对企业盈利表现具有直接影响[1]。在老年服务领域,越来越多的消费者开始对为老服务提出更高的要求。如果说传统的老年消费群体,只以"服务内容、价格、服务便捷程度"为选择依据,未来新一代老年人,则将同时关注"绿色健康、服务体验、服务供给方式"等更多个性化、多元化服务需求。随着我国老年消费群体对自我需求认

---

[1] Dholakia, U., Kahn, B., Reeves, R., Rindfleisch, etal., 2010. Consumer Behavior in a Multichannel, Multimedia Retailing Environment. *Journal of Interactive Marketing*, 24(2): pp.86-95.

知的不断提升,如何以客户需求为中心、触达客户内心,将成为企业打造核心竞争力的基础。

需求决定市场。随着消费群体消费需求偏好的逐渐变化,为赢得更多目标客户的青睐,企业需结合细分市场目标人群的画像,准确、及时、全面洞察消费者偏好,以消费者需求为核心,开发和设计相应产品和服务流程,并随着消费偏好的变化,及时优化迭代产品与服务。例如近年,立足于老年群体实际需求,浙江省养老服务机构的发展模式,已逐步由过去的"老人跟着机构走",转变为"机构跟着老人走"。过去,市场上诸如养老院、老年公寓等养老机构,普遍建于山清水秀的远郊地区,且规模都较大,以为以优越的环境和相对低廉的价格,可以吸引大量消费能力一般的退休老人寄情于山水。但实际上老人尽管看重价格和环境,但更注重亲情和医疗条件。身处远郊,既不方便老人亲属探望,同时往往也缺少医疗资源,无法满足老年群体的健康安全需求,从而导致这些机构入住率低、床位空置率高。而与此同时,在老年人口居住密度较大的社区,老年群体的服务需求又无法得到及时、有效满足。实际上,只要身体条件允许,大多数老年人都会选择居家养老,即使需要入住专业养老机构,也不希望脱离原本熟悉的生活社区。随着对老年群体就近养老、便捷获取优质服务的养老需求的了解,浙江省的养老机构,开始在政府的引导和支持下,立足于市场实际需求,建设运营更多选址位于老年居民居住密集度高的社区中的嵌入式、小微型养老服务机构,通过连锁经营的方式,以"星罗棋布"式的建设版图,在获取规模效应和建立专业化服务优势的基础上,满足广大老年群体在家门口享受一站式服务的养老需求。

例如,成立于2013年的杭州民营医院橡树老年病医院。创始人何德富先生在选择进入养老产业领域时,没有选择当时市场比较看好的养老院和康复医院,而是选择了以老年痴呆症患者及其家庭为服务对象,为其提供以医疗为基础的专业照护服务。在最初选择建设地址的时候,考虑到老人就近获取养老服务、交通便捷程度、环境适老性等老年人群实际需求,在预算资金有限的条件下,在租金更为便宜的远郊转塘地区和价格高至两倍、靠近市区和西溪湿地的场地之间,依旧选择了后者。通过规范化、专业化的服务体系建设,到 2016 年 6 月,总计 320 张床位的橡树医院入住率已经超过 95%[①],后续更是迅速变为需要加床、排队等候。2020年,橡树医院又与杭州市西湖区文新街道办事处、浙江爱乐聚养老产业有限公司联合,在位于文一西路 462 号,地处市区,人口密度较大的繁华社区,打造了杭州市西湖区爱聚橡树照护之家,由橡树医院以医疗、康复、护理、陪护、营养"五位一体"的服务模式,为该区域老年群体提供集居家、社区、机构养老相结合的一体化专业服务,真正实现了老人在"家门口养老"的心愿。物产中大金石集团旗下的养老服务业务板块,在原来的养老机构经营基础上,也根据市场实际需求,发展了颐·中大朗颐居家养老服务、园·中大朗园养老社区服务等为老服务供给模式,通过"社区嵌入式"服务,满足老年群体就近获取医养结合的为老服务需求。

这些企业通过洞察消费者需求,开发适宜的产品和服务,都迅速地在当地打开了市场,在较好地满足了老年人需求的同时,也取得了较好的经济效益。

2.注重品牌建设 提高市场份额

企业经济效益的取得,除了开发销售对路的产品和服务外,主要就是

---

① 杭州橡树老年病医院提供资料。

靠规模效益和品牌溢价。规模越大的企业,通常单位经营成本越低,从而可降低服务(产品)价格,进而带来更大的市场,并由此形成良性循环,获得更大竞争优势;规模的扩大也可增强企业知名度,结合企业通过打造优质服务所形成的良好口碑,可逐渐形成企业品牌,获得更多消费群体的认可与选择,从而进一步扩大规模、提升与巩固市场占有率,为企业带来更多盈利机会和空间,增强企业在市场竞争中的优势。特别是对于更为注重信誉与品牌、偏保守且不太愿意轻易转换服务商的老年消费群体,服务过程中信任的建立尤为重要。因此,企业应特别注重自身品牌建设。与政府、国有企业建立合作关系,注重开展公益性培训和免费服务,注重为老服务设施、内部服务流程、规范的体系化建设,加强内部服务人员的培训和素质提升,加强与老人及其家庭的联系与信息共享,都将有利于老年服务品牌建设。而品牌效应奠定的客群基础,也将为企业开拓其他为老服务或产品奠定客户基础。

　　例如,国内较早从事不动产投资开发的保利集团,其进军养老产业后设立的保利健康产业投资有限公司的"和熹会"养老项目,明确定位于一、二线城市中高端消费人群,通过"一地入会、多地养老"的会员制模式,全力打造"医养结合型"长者颐养中心,以长者的需求为核心,为长者提供亲情化、专业化、个性化、全程式的服务。和熹会拥有奢华硬件设施,配套专属医疗中心,引入三甲医院技术支持,提供积极服务,秉承"身心并护、与世界同步"的养老服务宗旨和"专属诊疗、名医荟萃"的医疗服务宗旨,用真诚和专业的精神,让老人享受健康、快乐、有尊严的生活,赢得了相应群体的认可,并实现了全国连锁发展。2020 年,"和熹会"7 家机构在运营上基本已经实现盈利,其中最早在北京落地的机构入住率超过 98%。进一步地,伴随品牌化效应带来的业务增长,近年保利除了巩固"和熹会"承担中长期刚需照护需求的市场优势,还逐渐衍生出了负责短期托养的社区微机构"和悦会",以及提供健康管理、康复护理服务等上门服务的"和院"。通过增加这两大由物业孵化而来的养老服务产品,逐渐形成了居家、社区、机构"三位一体"的医养结合养老服务体系,进一步在高端消费群体中建立了品牌认知,扩大了企业的为老经营服务范围,实现了企业的进一步发展。

因此,为降低运营成本、提高获客率,形成市场竞争力,为老服务企业应追求规模化、品牌化发展。通过规模化降低成本、扩大知名度,通过品牌化赢得政府与消费者信任,进一步扩大市场份额和服务范围,两者相辅相成,构筑企业持续发展的核心竞争力。

3. 强化内部管理　提升服务质量

优秀的口碑能够让企业获得消费者青睐,在行业中长远发展。对于为老服务企业而言,品牌来自口碑,口碑源自内部管理和服务质量。因此,通过优化企业内部运行管理体系,提升为老服务企业的服务供给质量,可以帮助企业通过好口碑培育强劲市场竞争力,实现高质量发展。

为强化企业内部管理能力建设、提升服务供给质量,为老服务企业应加强以下几方面能力建设。

规范内部运行管理制度。企业应制定统一的服务供给标准、职工守则等,实行规范化制度管理,并对服务供给全过程通过信息化技术实施有效监控,全面保障企业服务质量规范得到切实执行。同时打造更为透明、畅通的晋升机制与公平分配机制,提高员工积极性、激励员工在岗热情,主动为消费者做好服务。

提升为老服务人员专业素养。除在人才聘用机制上加大对高素质人才的选用、注重员工招聘时的品德考察外,对于在岗雇员,企业应通过加强员工培训,不断提高为老服务人员的综合素质。在专业素质提升上,可通过技能培训、实操考核、证书加薪激励等方式;在道德素养上,更应加大对为老服务人员以老年群体需求为中心的以人为本的理念教育,学会尊重、关爱老人,致力于打造温暖、贴心,让老人感到舒心而信赖的服务。

畅通与消费者的有效互动机制。及时、有效获取老年群体对服务感受的反馈,对企业服务供给质量的提升,具有重要参考作用,同时也能给予消费者良好的服务感受,提升体验愉悦感。将数智技术应用于与老年群体的互动机制中,将使得企业得以更快捷、高效地获取并智能化处理相关数据,实现服务供给的实时响应、老年群体需求的超级关联、服务体验的流畅感。

（三）建立调整机制　保持发展能力

消费者需求会随着社会经济的发展而变化,企业要持续地拥有顾客并进一步保持与提升发展能力,就必须建立动态管理机制和创新调整机制。

1.动态管理　洞悉需求变化

市场环境瞬息万变,为持续发展、不断满足消费者需求,企业的业务模式就不可能一成不变。随着用户需求的变化,企业需要及时调整、变更业务内容和服务模式,以同消费群体的诉求与期望保持同步。

不同时代出生的老年消费人群,其人群总体规模、消费观念和购买力都有所不同;而不同的经济收入水平,也会导致消费能力的不同,老年人群的人口结构、健康状况变化,则会引发需求内容的变化。因此,企业需加强对老年群体的研究,关注各类影响老年群体需求结构和强度的因素的变化;时刻注意洞察市场主流消费群体的行为变化,利用大数据分析、调查研究等方式,进行动态管理;实时掌握客户群体各类需求变化,避免由于误判或信息滞后导致供需不匹配,并及时捕捉隐藏需求、预测新的价值突破点,以便企业及时研发、推出新产品和服务,为企业带来新的利润增长点。

2.平衡创新　做好业务组合

创新是引领发展的第一动力。基于养老服务需求日益提升、当下为老服务产品科技含量低、养老服务市场架构快速迭代等诸多压力,企业的生存发展将更加依赖于其创新实践的能力。但是,创新不是盲目地寻求标新立异。只有契合用户真实诉求的创新投入,才能实现服务(产品)的更新迭代,助力企业走得更远、更好。在创新过程中,企业需合理把握尺度、平衡创新机制,形成可持续发展的合理业务组合。

根据班西·纳格吉(Bansi Nagji)和杰夫·塔夫(Geoff Tuff)在《哈佛商业评论》上发布的研究报告,创新可分为核心创新、延伸创新和变革创新三种。核心创新是指以现有客户群体为目标,对当下产品进行增量改进;延伸创新是指以现存客群为基础,通过对现有业务进行迭代升级,以适当扩大目标客户群体;而变革创新是指通过全新的产品(服务),进入全新市场开拓全新客户群体。企业的大量真实数据显示,将创新投入按照70%、20%、10%的比例,依次分配给核心创新、延伸创新与变革创新的企业,市场表现优于其他公司①。当然,不同细分领域的企业之间会有最优比例的差异。他们将最契合企业战略发展要求的创新投入配置模式,称为"黄金比例"。只有那些平衡好三类创新投入比例、寻找到最优组合模式的企业,才能合理使用企业有限的资源,引导企业通过创新更好地在市场竞争中保持竞争力和可持续发展能力。

因此,为老服务企业,首先需建立创新意识与动力、持续开发出产品和服务,以更好地满足新时代老年群体变化中的服务需求;其次需平衡创新投入机制,找到适宜自己的创新投入配置"黄金比例",合理分配资源,进行业务创新;最后要准确识别老年消费和服务需求,切勿盲目跟风或被"伪需求"所吸引,杜绝徒有一腔热情的"大胆"创新。

3.加强协同 提升放大效应

协同在企业内部是指在生产经营活动中,各部门、各业务之间,进行相互支持和配合,以获得更大的整体价值。协同可带来放大效应,通俗地讲,即为"1 + 1 > 2"。例如,合理的业务组合运营,可使整体业务创造出高于各部分单独努力创造的价值。但在实际运营中,不少企业面临着不同部门之间配合不力、业务之间协作较少等问题,影响了企业的整体收益。

在老年消费服务市场,获得老年消费者的信任不易,而且老年人通常较为不适应多变的环境,在消费心理上与一般消费者相比,惯性更强、稳定程度更高。所以在消费需求向多样化、个性化、一体化转变的过程中,为老服务企业内部更需加强内部协同,以老业务带新业务、以老客户引新

---

① Harvard Business Review. 2022. *Managing Your Innovation Portfolio*. [EB/OL] https://hbr.org/2012/05/managing-your-innovation-portfolio.

客户,前台后台相互支持,线上线下相互协同,以提高消费者满意度为中心,各自从本职工作出发,有序管理不同服务链路与场景,为消费者在"对的时间、对的场景"提供一站式的"好的服务与好的产品",协力打造高品质服务体验,提高老年群体的品牌忠诚度,为企业的持续发展奠定坚实的顾客基础。

二、多元服务　更好照护

随着共同富裕进程的不断推进,人民群众的物质与精神生活水平不断提高,老年群体对老龄生活将会有更多更高更美好的期待。积极老龄化、健康老龄化理念的建立,也使得新时代老年消费群体对老年服务供给提出了更为多样化、多层次的需求。

由于退出职业生活,老年人的闲暇时间普遍较多。老年群体需要通过继续工作学习、文体活动、旅游休闲、社交活动等来打发时间,满足社交、尊重以及自我实现需求。目前老年人消费服务市场还很不发达,适宜老年人消费的产品和服务不多,面向老年人的专业、优质服务供给还比较少。现有的养老照护服务仍停留在"老有所养"的初级阶段,距离专业、可及、多元、适老的优质照护服务,也还有很长一段路要走。因此,企业可以通过提供优质的为老服务产品、提升老年照护服务质量,在让老年人获得更多更好的适老产品和服务及更专业优质的照护服务的同时,使企业获得更好的发展。

（一）老有优学

老年大学等学习场所的建立,不仅帮助老年人习得新技能、收获新本领,获取精神食粮,获得成就感,也给予了老年群体一个和同龄人群相互交流和探讨的社交空间,有助于满足老人社交、尊重以及自我实现需求,对老年人群的身心健康非常有益。

由于受到场地、建设资金与老年人消费能力等诸多因素的限制,目前老年大学等学习场所尚未能全面普及,老年人的学习需求尚未得到充分的满足。同时,老人们也期望学习场所更多更近更便捷,学习内容更为丰富、更有特色,学习方式更适宜老年人。

为此,企业可创新开发老年教育产品,为消费者提供丰富、多元的教育服务内容。以"优学"为原则,开发拓展老年生活认知(如老年健康、安全意识、涉老法律、老年用品等学习内容)、文化娱乐(如音乐、绘画、书法、历史等学习内容)和技能培训(现代科学技术知识、职业岗位专业技能等有助于帮助老人在"后退休时代"实现老有所为的学习内容,以及文化体育娱乐技能、提高自理能力的科技辅具使用技能、参与互助或家庭照护服务的照护能力等的培训)等各类老龄教育服务项目和产品,构建综合、全面的老龄教育服务,让老年人能够通过学习,提升综合素养,真正助益老年生活。

畅通老年教育供给渠道,全面提升优质服务可及性。以"便学"为原则,改变目前老年大学等优质老年教育服务的供给,多停留在发达城市地区,乡镇农村较少,或渠道单一的局面,加大社区教育服务网点建设和线上老年教育服务供给。如企业可以社区为单位,利用乡镇(街道)居家养老服务中心等设施设立教学点,组织开展老年群体教学活动。可与社区合作举办书法、绘画大赛等公共活动,在调动老年群体学习积极性、巩固学习技能的同时,增进邻里情感融合与社会和谐发展。充分运用物联网、人工智能、云计算、5G、传感等前沿科技在"互联网＋"这一新型经济形态和产业发展业态中的运用，加快设计、开发各类优质直播课程，打破时空壁垒，线上线下同步、互补发展，重构老年教育体验，让城乡老人在家中通过电视屏幕、电脑、手机，就能享受到更多优质的老年教育课程。有能力的企业还可打造如"MOOC老年大学版"的自有老年教育线上综合平台。进一步地，从事素质教育和高等教育的民办学校，也可将部分课程在线上或线下向老年人开放，让老年人能够跟其他成年人一起学习更多专业知识，更好地满足老年人个性化学习要求。充分发挥互联网平台整合优质教育资源、推动优质教育资源公平共享的积极作用，让不同地区的老人都能便捷同享优质教育资源、提高个人素养、丰富充实老年生活。

创新老年教育学习方式，采用"寓教于乐、寓学于趣"的适宜老年人特点的"乐学"老年教育方式。例如，可通过产业融合，开发针对老年群体的康养旅游专线，并在旅养项目中融入老年教育，以"旅游＋教育"的创新业务组合模式，打造人文旅养项目。在游览历史人文景区的同时，为老人提供历史文化讲解、民俗宗教禅修等学习活动，或者在康养基地，为老人提供教育培训项目，让老人边休闲边学习。这样的业务组合模式，不仅可以为老年群体提供更为丰富、休闲的学习方式，同时也能增加企业的收入、促进产业互融互促、带动乡村振兴。企业还可开发老年教玩具，举办群体性文体活动、辅具使用培训、才艺展示活动等，在调动老年人学习积极性的同时，增加学习趣味、提升学习效果。

（二）老有乐享

随着共同富裕建设的不断推进，新时代老年消费群体，无论在物质还是精神层面上,都有了更为坚实的消费能力和领先的消费观念。现有老年产品和服务的供给,还比较初级,常见的老年文娱活动,多是自发性的,如麻将、象棋、广场舞等,以及市场提供的品质参差不齐的老年旅游团。优质适老的"享乐"型消费服务供给严重缺失,尚无法满足新时代老年人快乐享受老年生活的期盼。因此,企业应正视老年群体的"享老"服务需求,创新开发和优化"享乐型"老年产品和服务,更好地满足老年群体乐享老年生活的需求。

因地制宜,迭代升级老年文旅服务。文旅企业可根据老年群体对回归自然、健康养生的需求偏好,优化延伸旅游产业链,将普通老年游打造升级为集保健养生、休闲观光、人文体验、老年健康教育等于一体的康养游,或经营根据老年群体的个性化要求安排观光路线、时间、食宿和成员构成的逍遥游。可根据目的地不同的地貌、物产等特色,分别开发田园旅居、中药疗养、汤泉康养、人文旅养等不同主题类型的康养服务。在田园旅居选项中,老人可以参与田园风情观光、农业科普研学教育、民俗节庆体验、乡村运动项目、农耕园艺种植等特色为老服务活动体验;在中药疗养项目中,让老人通过中医理疗、药膳养生、中草药种植体验等学习中医保健知识、科普特色食疗等,提升自我健康管理能力;在汤泉康养项目中,可以体验温泉疗养科普、健康教育以及身心放松活动等内容……通过因地制宜、不断迭代升级旅养产品,满足老年人多样化、多层次的旅养服务需求,繁荣老年旅游消费市场。而且田园 + 养生 + 旅游的老年服务供给,还可推动当地涉老服务事业和产业的发展,推进当地经济发展,促进共同富裕。

多元方式,提供适老型岗位就业服务。"莫道桑榆晚,为霞尚满天",

新时代的老年群体有更佳的身体机能状态与更积极的生活态度,对于尊重以及自我实现的诉求自然也更为强烈。对此,用工单位或企业可考虑设计适老型工作岗位,开发设置各类如志愿服务类(博物馆讲解员、社区爱心支援、卫生监督员等)、简易加工类(小件装配等)、专业技术咨询类(企业顾问、老年大学讲师等)、再创业类等不同老年工作岗位,以更多元的工作内容和工作模式,吸纳老年劳动力;中介服务企业可加强诸如志愿活动、社工服务、再就业发展等能充分发挥活力老人能力的适老型工作岗位或志愿服务机会的中介服务,建设和维护"老年人力资源综合服务平台",满足不同银发群体发挥余热的需求;教育培训企业可以从事老年再就业的职业培训服务,等等。

借力科技,增加适老化文娱产品供给。优质的老年文娱节目以及游戏产品,不仅可以充实日常生活、给老年人带来乐趣,还具有延缓大脑与肢体衰老、延年益寿的功效。企业可研制开发与推广老年益智玩具和游戏,结合数字影视、数字演艺、数字音乐等产业,提供优质、适老的影视文化作品等媒体传播内容。随着未来市场主体对例如智趣互动式游戏产品的设计开发、4D老龄文娱作品创作、VR技术交互体验(如可通过虚拟真实场景服务供给,让无法出行旅游的老人在家即能身临其境"环游世界")等各类高质量适老化文娱产品的创新开发,不仅能更好地满足老年人的精神需求,而且将加快推动前沿技术在民生领域的拓展应用与更新迭代,推动产业转型升级。

(三)老有良医

当下,适老化医疗服务、医养结合型养老照护服务供给仍然短缺。民营医疗服务机构、为老服务企业可通过强化老年专科服务能力、医养结合照护服务供给能力,为老年群体提供适宜的医疗服务、优质的养护服务,以更好地满足人民群众日益增长的健康需求。

提供适老化医疗服务。我国原有的医疗服务体系,主要是为劳动者服务的,所以专科越分越细,综合性医院越来越强。而老年人大多慢病长随、多病共存,老年人到综合性医院看病,不仅需要跑多个科室,而且需要定期到医院配药,对于老年人而言,并不适宜。当下类如老年专科建设、老年健康管理、康复护理等医疗服务供给也较为短缺,基层为老服务短板明显,普惠型优质照护服务供给缺失,家庭病床、上门巡诊等服务能力建设不足,特别是针对失能、失智老年人的专业医养结合服务尤其欠缺。医疗机构的重心多放在"急病重病治疗"上,缺乏早筛、预防以及慢病管理的健康管理服务。因此,涉及相关业务领域的企业,可加大医疗服务的"适老化"改革,为老年群体提供就近就便、集健康管理与慢病管理及多病共治于一体、兼顾老年生理与心理特点的适宜医疗服务。例如,提供个性化健康管理和送医送药、上门随访等服务,通过早筛早诊早干预等方式,将健康管理的功能前置;加强针对老年群体的心理健康评估与干预机制建设,强化老年专科综合服务能力,提升对帕金森病、阿尔茨海默病等重点老年疾病的医疗服务能力,开设老年专科,为老人免除跑上跑下、各科挂号的奔波,以及各类药之间潜在副作用的威胁,诊疗模式向以老年群体实际需求为中心的"多病共治"转变;对于康复医疗领域的企业,可提升物理治疗、运动康复等医疗技术水平,优化老年群体物理器官功能和心理精神情绪的恢复治疗模式,满足失能失智老人长期照护服务需求,最大限度地提升老人回归社会的程度、提高老人生活质量;此外,未来企业可创新诊疗模式,建立"治疗＋陪伴＋交流"的适老化医疗服务模式,加大在老年心理咨询、上门陪护等精神健康方面的服务供给;相关企业还可通过中医药养生等业务内容建设,为老年群体提供健康保健服务。

提升医养结合照护服务能力。"医养结合"是指医疗服务(诊疗救治、预防接种、康复护理等)与普通养老照护服务(生活照料、保健护理等)的结合,以适应老年人多病共存、慢病长随、年老体衰的特点。要具备为老年群体提供医养结合照护服务的能力,无论是在硬件设施还是软件服务上,企业都需同时具备医疗服务设施和养老服务设施。因此,关键是加快医养设施融合建设,将养老服务机构和医疗服务机构的设施整合在一起,缔造集健康管理(包括健康教育、体检预防、健康评估、保健养生等)、慢病诊治、巡诊开药、双向转诊、康复护理、安宁疗护、生活照料(助餐、助浴、助洁等)、精神慰藉服务(心理咨询、聊天解闷等)于一体的医养结合养老照护服务能力。医养结合的具体模式有"养中有医""医中有养""医养协作""医养一体"这四大类。其中,"养中有医"模式适用于规模较大、实力较强的养老服务机构,企业可根据实际需求在养老服务机构内部设立医疗诊所、医务室等医疗服务点;"医中有养"适用于本身具有医疗服务能力、期望拓展从事养老服务业务的企业,对于集团旗下医疗机构的闲置床位,可转型发展为养老床位;"医养协作"是指养老服务机构就近与周边医疗机构以签订合作协议的形式展开医养照护服务,企业负责生活照料、日常护理、保健饮食等生活性养老服务,医疗机构则负责医疗、接种预防、健康管理等专业医疗服务;"医养一体"则适用于那些具有雄厚资源与综合实力的养老服务机构,除了打造专业的养老服务团队、供给生活性基础养老服务外,企业通过开办老年病医院、康复医院、中医医院、护理院等专业医疗机构,来提升基本医疗服务能力,从而打造集团化的综合养老服务机构,同时具备医疗服务、保健护理等整合型服务产品和功能,全方位满足老年群体医养结合的养老服务需求。

强化全人全程视角下的健康管理服务。在共同富裕的建设方针下,全民健康意识的提升和积极生活观的转变,对老年人健康服务提出了更高的要求。正所谓"上工治未病",新时代老年群体对于身心健康有了更高的期待,对于疾病预防、慢病跟踪、健康监测、心理咨询等健康管理服务有了更多的个性化需求。对此,企业在开展生活照料等基础养老照护服务的同时,可着重提高在疾病预防、慢病跟踪、康复护理、精神慰藉、安宁疗护等专业健康管理服务能力上的建设提升。如企业可通过数字化能力建设,打造"个人电子健康档案",通过大数据分析、云计算、配套智能传感等前沿技术,为老年消费群体提供"一对一"的健康管理服务,包括定期体检提醒、用药管理、身体指标监测等。精神慰藉和安宁疗护服务都是当下市场极度欠缺的,相关企业可抢占时机、开拓市场。特别是对于安宁疗护服务,虽然近年中共中央、国务院与国家卫健委等部门已逐渐推出相关计划纲要、指导意见,并从立法层面列入国家健康体系,国家卫健委也于2017年就已印发《关于印发安宁疗护中心基本标准和管理规范(试行)的通知》,但由于社会整体认知偏见、产业体系不完善等诸多原因,目前市场仍处于起步阶段。随着我国社会认知的不断提升,未来将会面临较大服务需求,安宁疗护服务的人才培育将会是企业抢占行业的决胜制高点。因为安宁疗护服务人员除了需具备基本的护理技能以外,还由于服务的目的包括减轻老人及亲属的生理及心理上的痛苦,并给予其心灵上的慰藉,因此对服务对象所在的当地文化和宗教习俗需要有较好的理解、具备良好的沟通能力与共情能力等,这是目前亟须加快培育的新型复合类人才。

（四）老有善养

虽然在国家政策的支持下,目前已有不少企业进入养老服务市场,但由于目前老年群体整体支付能力和服务购买意愿不足,加之养老服务企业服务人员不足、素质偏低,因此,我国现有的养老照护服务供给,仅能基本满足"老有所养",在优质养老照护服务提供上,还有很长一段路要走。而随着社会共同富裕程度的提高,居家医养康复等医养结合、智慧养老型服务需求都将成为常态化老年群体照护服务需求,老年群体的服务需求,也会产生从有到好的转变。伴随着优质服务需求而来的老年群体支付能力的提升,也使得养老服务企业可以提高收费,将更多的收入用于增加对服务人员、服务设施等的投入,从而提高服务质量、满足老人优质服务要求,形成市场良性循环。

为打造专业、精准、便捷、可及的优质照护服务,企业需致力于专业化能力建设。专业化能力建设的关键,在于企业运营管理制度的规范化落实和专业人才队伍的建设。因此,企业应统一规范服务标准,建立质量保证体系,强化人才建设,打造专业化服务团队。从老年人群实际需求出发,配置为老服务资源,适老化改进服务质量,老年友好化供给养老护理服务,切实提高老人的体验与感受。运用人工智能、5G、云计算等前沿技术,开启智慧化养老服务能力建设,通过"终端＋老人＋服务系统"的智慧养老服务模式,打造企业服务人员、老人、老人亲属以及相关医疗人员等多方沟通链接生态圈,实现对老年群体的精准、便捷服务。通过专业能力的提升和服务效率的提高,扩大优质照护服务普惠性供给,让老年群体享受到舒心、放心、安心的高质量养老服务,实现老有善养的高阶养老服务需求。

三、资源共享　联合经营

目前市场的为老服务供给是碎片化的,并不具备连续、稳定、专业的为老服务供给能力。从服务内容看,失智老人照护服务、安宁疗护、心理咨询等服务供给、老年消费市场产品和服务都极度缺乏,居家为老服务供给内容单一匮乏,多以助洁等家政类服务为主,无法满足广大人民群众全人全程居家养老服务需求;从服务场所看,居家、社区、机构养老服务之间相互割裂,无法满足老人在不同健康状态时的一站式一体化照护需求,社区养老服务多以政府公益性质为主,市场化的为老服务因难以获得服务场所、社区服务规模较小等原因而较少进入社区,一般的养老机构又由于需求有限、老年人支付能力弱等原因,目前仍主要靠政府补贴生存。目前市场缺乏具有完整服务链的企业,老人也无法便捷获取覆盖整个老龄阶段的"一条龙"服务。

之所以会出现这种碎片化的现象,一方面与老龄产业处于发展初期、企业供给能力有限有关,另一方面也与当前老年人及其家庭消费意识不强、对很多服务缺乏支付能力有关。随着老龄产业的持续发展、民众富裕程度的提高,老年群体对自我关注程度将显著提高,老龄购买力也将会快速提升。为满足老年群体就近便捷养老、追求身心全面健康,以及连续高效获取多样化优质服务的市场需求,理想的为老服务应同时满足方便可及、全人全程、一体化一站式供给这三大特点。因此，为老服务企业应通过企业相互间的协作，实现资源共享、服务相连，形成居家社区机构相融合、颐养医养康养相结合、一体化或联盟式服务模式，共同打造高品质的为老服务供给市场。

"居家社区机构相融合"是指立足老人全程养老需求，将居家养老、社区养老、机构养老服务内容有机融合，各展所长，形成体系化的综合服务模式，让老人能够伴随其综合能力变化，享受自理时以社区服务为主、部分失能时以居家服务为主、失能失智时以机构服务为主的连续统一的服务。

"颐养医养康养相结合"是指立足老人健康服务需求，将老人健康时的健康管理服务和享老服务、生病时的医疗服务、恢复时的康复服务相互结合，为老年人提供不同健康状况时所需要的各式医疗健康服务，使老年群体在任何状况下都能无忧养老。

"一体化"服务供给是指由一家同时经营（上门）居家养老服务、社区养老服务中心和具有医护服务能力的养老机构的大型企业为老年人提供的全人全程综合性服务方式；"联盟式"是指由分别经营（上门）居养老服务公司、社区养老服务中心、养老机构的企业，以及相关医疗服务机构，通过建立紧密的战略合作关系，共同为老年群体提供的全人全程综合性服务方式。无论是"一体化"还是"联盟式"，其目的都是为了为老年群体提供方便可及、全人全程、一站式的为老服务。

本节将具体描述企业如何通过资源共享、联合经营，融合居家、社区与机构养老服务，线上线下相结合，为老年群体提供全人全程服务。

（一）全人全程服务供给

受限于历史原因,相对于满足生理性需求类服务供给,我国养老服务市场过去在满足老年群体精神需求层面的发展还有较大欠缺。同时,老人无法在一家机构获取综合连续的"一条龙"服务:日常助餐、助洁是一家服务机构;疾病恢复期负责康复护理的是另一家服务机构;等到身体恢复了需要运动保健指导、身体机能监测等健康管理服务,或是有意消费老年康养游产品、寻找心理咨询等精神类服务,又得重新找服务机构,这给居民的老龄生活带来极大的不便。

为解决目前养老服务内容不足、供给碎片化的问题,打造"颐养医养康养相结合"的理想服务,企业需树立"全人全程"服务意识,联合各类为老服务,完善为老服务一站式供给能力。

所谓"全人全程服务",是指能够满足老年阶段全过程(从完全自理,到部分失能、失能失智,直至生命最后时期)所有需求(生理与心理需求)的为老服务。完整的全人全程养老服务需求和供给能力建设如表6-1所示。

表6-1　全人全程养老需求与服务供给一览

全人		全程							
		活力老人		部分失能老人		失能失智老人		安宁疗护	
		需求	服务	需求	服务	需求	服务	需求	服务
生理	健康管理	疾病预防、保健养生、健康预警、健康教育与督促等	营养膳食管理(餐饮定配、养生膳食知识科普等)、运动保健指导、定期体检、个人电子健康档案(慢病管理、健康管家)等	日常照护、疾病预防、保健养生、健康预警、健康教育与督促等	家庭医生、家庭病床、互联网医疗、智能辅具、短期托管等	专业看护、长期护理、医疗诊治等	机构专业照护	生理上减轻痛苦，心理上得到安慰；维护尊严、尽可能满足心愿	基于当地人文风俗，通过专业护理手法减轻老人和家人的痛苦，获得心理慰藉
心理	安全服务	财产安全、消费支出物质保障、居住环境安全等	住房保障权和老年法律援助服务；智能监控、一键呼叫平台、适老化家居改造；保险理财指导等	财产安全、消费支出物质保障、居住环境安全等	长期照护险、住房保障权和老年法律援助服务；智能监控、一键呼叫平台、适老化家居改造等	财产安全、意识不清状态下的自主意愿的保护与尊重	长期护理险		
	社交与情感	亲友陪伴、精神慰藉；参与社会活动，不被社会抛弃	老年教育、旅养游学活动、"亲情网"视频通话、(再)就业与志愿服务岗位对接服务、心理咨询服务等	亲友陪伴与关怀、害怕孤单、担心被嫌弃，需要与外界保持联系	上门陪护、心理咨询、上门读报、陪聊等慰藉服务	家人的支持与关怀、一定的肢体接触	专业机构服务：营造老人熟悉的环境，洞察、满足老人细微心理需求；提供亲人相处机会，促进正向作用		

续表

全人		全程							
		活力老人		部分失能老人		失能失智老人		安宁疗护	
		需求	服务	需求	服务	需求	服务	需求	服务
心理	自我实现	行有余力,老有所为,获取经济回报、实现未达心愿、得到社会尊重与认可	老年大学、老人再就业、老年志愿工作等	尽量保持自理	各类科技辅具销售或租赁;各类线上或上门服务	能够按自主意愿做一些事情	各类上门或代办服务项目	生理上减轻痛苦,心理上得到安慰;维护尊严、尽可能满足心愿	基于当地人文风俗,通过专业护理手法减轻老人和家人的痛苦,获得心理慰藉
养老模式		居家社区		居家社区		机构为主,适时回家小住;或根据实况设置家庭床位		专业机构或者上门服务	

　　国民经济实力和生活质量的不断提升,使得当下衣食无忧的老年群体开始更加注重身体健康,生理需求完成了从基础生存到健康生活的转变。新时代的老年群体,对涵盖健康教育、体检预防、健康评估、慢病防治、保健理疗等医养结合的老年健康管理,有了强烈诉求。同时,由于经济、金融等各类社会活动的不断迭代以及社会发展结构的急剧变化,作为弱势群体的老年群体,未来对于资产权益、独居急救等安全服务的需求也将显著提升。积极老龄观的广泛树立、老年群体可支配收入的有效提高,使老人对于满足其社交与情感需求的精神层次为老服务的市场需求与消费能力都将显著提升。同样,随着社会发展带来的物质水平和精神认知上的改变,对于自我实现的渴望、对于生死观的理解,都将使老年群体对(再)就业、志愿服务以及安宁疗护等为老服务提出更大需求。企业应把

握机遇与挑战，重新思考自身的角色和时代使命，发掘银发经济更多的潜藏价值。

（二）居家社区机构融合

为了实现全人全程一站式为老服务供给，需要对各类为老服务进行整合，具体可通过居家社区机构融合的方式来实现。

"养老不离家，离家不离社区。"居家养老符合我国国情，符合市场需求与广大居民的真切期盼。但目前上门的居家养老服务供给、社区养老服务供给与机构养老服务三者之间各有运营主体、彼此割裂，未形成有效的一站式商业运作模式。为满足老年群体全人全程养老服务需求，结合老人不善于在众多服务机构中选择的特点，企业应在政府的支持帮助下，通过打造养老服务综合体和建立养老服务联合体这两种方式，构建居家、社区、机构相融合的有机发展模式，为老年群体提供一体化一站式服务。

其中，养老服务综合体是指企业通过经营管理居家养老上门服务公司、社区养老服务中心和具有医疗照护服务能力的养老机构，构建整合型养老服务综合集团的发展模式。这种综合体的发展模式适用于资金、人才等综合实力强的企业。企业可通过举办具有医疗照护能力的养老机构，吸引专业人才、建立专业服务规范和树立专业品牌，然后通过打造社区嵌入式小型养老机构（在老人原住社区建造小型、微型化日托养老机构），作为服务辐射中心，不断开拓社区居家养老服务内容、延伸服务半径，最终形成涵盖前端（社交、学习、工作、旅游、健康教育和初级预防）、中端（急性期的老年医疗服务、康复护理服务和稳定期的照护服务）以及后端（长期照护服务，衔接安宁照顾、临终关怀）的全人全程服务，让老人能够根据健康状况,在居家、社区、机构间无缝衔接养老,舒享一步到位的一条龙服务。如浙江省民营企业绿康集团、国有企业中大金石集团,目前就都在往这样的养老服务集团方向努力。

养老服务联合体则适用于整体资源能力较弱但具有某方面专业服务能力的企业。在各自行业赛道具备自身专业化优势的不同企业,可通过优势互补,整合包括居家上门服务机构、社区养老服务中心、医疗服务机构、养老服务机构等在内的各类为老服务专业机构,形成综合为老服务平台,以联盟合作关系,共同为老人提供全人全程的一站式养老服务。

表 6-2　不同养老服务模式的对比

服务模式	家庭养老	居家养老	社区养老	机构养老	理想模式
服务内容	赡养服务	照护服务为主,少量医疗服务	养老服务和老年消费服务	养老服务和老年消费服务	养老服务和老年消费服务
服务规模	小	小	中	中	大
服务半径	家庭内	区域内	社区内	机构内	区域内外
服务价格	约等于老年人日常开销费用	简单的、有政府补贴的服务价格稍低,复杂的、无政府补贴的服务价格较高	简单的、有政府补贴的服务价格低,复杂的、无政府补贴的服务价格较低	总体上,公办机构价格中等,民办机构价格根据服务质量和内容不同低中高不等	简单服务的价格低,消费服务类价格稍低,复杂养老服务价格稍高
付费意愿	建立在亲情关系之上,付费意愿强	刚需或有政府补贴的服务付费意愿较强	刚需或有政府补贴的服务付费意愿稍强	公办机构强于民办机构	社区引流,长期经营,建立信任,付费意愿增强
服务成本	不确定	需求分散,规模小,成本高	规模有限,场地人工成本高	民办机构固定成本高	总成本较高,以规模化摊薄成本

续表

服务模式	家庭养老	居家养老	社区养老	机构养老	理想模式
盈利性	无	弱	一般,主要靠政府补贴	取决于入住率	前期需投入,后续较好
优点	满足老人居家和家人照顾的愿望	满足老人居家愿望,减轻家人身心劳累和照护压力	满足老人居家愿望和社交、消费需求,减轻家人照护压力	帮助解决家人无精力和无能力照护痛点,或让老人能得到较好照护	能帮助各方解决痛点,并使企业有可持续发展的可能
痛点	家人照护精力或能力不足	老人或家庭需要承担较高的费用;当区域内服务规模小时企业难以盈利	老人或家庭对养老服务付费意愿弱;企业难以盈利因而提供服务有限	需要有较高的费用支付能力;企业固定投入较高	前期需要有较大的投入和一定时间的品牌塑造

无论是综合体还是联合体的模式,都可通过企业规模化和品牌化发展,实现企业效益的提升,从而获得自我造血能力。这不仅满足了老年群体对于一站式优质养老服务供给的需求,而且解决了为老服务供给企业可持续发展问题。对企业而言,综合体和联合体的商业模式都具备了提升企业运营效率、降低企业运营成本的作用,支撑企业通过专业化和规模化发展,满足新时代老年群体晚年颐养的需求,带来一定收益,从而实现可持续发展。由于企业同时具备了居家上门服务公司所提供的上门生活照料、康复护理、上门医疗、居家陪护,社区养老服务中心所提供的老年食堂、文教娱乐、服务中介、日间托管、全科门诊,以及养老或医疗机构所提供的床位租赁、照护服务、医疗服务以及临终关怀等其他服务,因此养老资源(各方面的专业服务人员、照护床位、照护知识和工具、客源等)可以在不同服务模式下进行合理分配和充分使用。同时,由于链接了由支持

机构组成的外部资源,老年人的一些个性需求可以通过平台赋能来解决,从而建立起覆盖各层级的一整套专业化的养老服务制度、流程、标准,为老年人提供全面且优质的服务。"一站式"服务体系的打造,能够建立起老年群体与企业之间的高度信任,避免老人在不同机构之间流转、耗费精力成本,也大大降低了企业在获客过程中所需花费的营销成本,增强了客户的黏性。

通过为老服务企业打造综合体和联合体这两种理想商业模式,不仅将提高财政政策与资金在老龄产业建设中的有效转化、助力政府分类分层解决不同老年群体的养老问题、保障民生福祉,同时企业规模化发展也将更有利于政府监管,提高资源的配置与利用效率、保证市场功能的正常发挥。对于民众而言,理想的养老服务模式将通过增强家庭养老服务功能与改善养老服务设施,弥补独生子女家庭等社会人口结构演变带来的我国家庭生活照料能力不足、家庭养老功能逐渐弱化的问题,扩展家庭养老新功能,让老人得以居家获取便捷、优质、低廉的为老服务,满足老年群体居家养老享天伦之乐,子女赡养老人尽孝的心愿,对维护社会稳定和传承优良传统文化,也具有重要意义。

（三）线上线下相互结合

受制于建设和运营成本、特定区域服务对象规模有限等诸多因素,传统纯粹线下的为老服务供给方式,难以有效实现老年群体一站式一体化、便捷获取全人全程的为老服务。运用互联网随时随地可以无缝连接的特点,搭建线上统一的服务接入平台、业务信息流转平台和全程监督管理平台,线上线下结合,不仅有助于通过开展线上问诊、线上配药、网络视频聊天、线上考察养老机构和各类为老物品、线上一键订购各类物品、线上预约各类线下服务、线上了解物流情况和进行评价等，使老年人及其家人足不出户，就能够便捷地获得各类所需要的服务，而且使企业能够克服线下经营时，社区服务场所获取难或租金贵、单一区域服务对象有限或单一产品缺乏规模效应、难以充分发挥专业人员的工作效益等困难，有效融合医养、康养、颐养等各类为老服务资源，衔接居家、社区、机构各类养老服务，在为更多的民众提供一站式一体化优质服务的同时，提高企业的可盈利性。

为促进线上与线下资源的有效整合与相互促进，首先需搭建统一的为老服务数据共享平台，在保障用户数据安全的前提下，消除"信息孤岛"，打通信息壁垒，让服务的连续性供给成为可能；其次应完善智能化为老服务设施，优化部署各类数据收集智能终端、网络传输通道等，保障数据采集与分析的可靠性，以期为老人提供精准、及时的服务；最后，加强线上服务软件与平台的搭建，以及与线下服务的联结，以老年群体需求为中心，将各类为老服务资源链接在一起，便于老年群体获取以及相关服务方统一调度资源。

对于线上为老服务建设发展，除了利用数字技术开展远程问诊、线上教育、亲友社交（如"亲情网"可视电话）等各类优质为老服务业务以外，企业可通过"虚拟养老院"，创建同时覆盖机构、社区与居家养老的线上老年综合服务平台，打造"家门口的社区照料中心"，为老年群体便捷化提供"菜单式"的上门养老服务。服务平台全面择优整合各类为老服务资源，当老人有任何服务需求时，只需拨一个电话，或者在手机、电视等智能终端上进行提前预约，服务平台就会根据老年人的需求，快速安排专业服务人员上门服务。同时,有第三方对服务品质进行监督。"一个电话,服务到家"的智慧为老服务,将打通"最后一公里"的服务通道,利用数字赋能拓宽养老服务边界。

对于线下服务而言,除了持续丰富、优化各类健康管理、康复护理、文体休闲等为老服务,加强产品和服务研发,加强人才队伍建设,补足弱势短板以外,企业可着重于加强老人的体验感和获得感。通过更为人性化和个性化的服务(产品)打造、更加有善意的专业服务人员的培养、更加温馨的服务场所和氛围营造、更加便捷迅速的服务响应,更好地满足老年群体的生理与心理需求。

四、强基补链　业态融合

从传统的产业经济学角度来讲,产业是指具有某种同一属性经济活动的集合,同一产业内的经济活动在经济属性上具有市场性、同一性和独立性。老龄产业包括养老照护服务、老年医疗卫生服务、老年健康促进与社会参与、老年社会保障、养老教育培训和人力资源服务、养老金融服务、养老科技和智慧养老服务、养老公共管理、其他养老服务、老年用品及相关产品制造、老年用品及相关产品销售和租赁以及养老设施建设等 12 大类①。通过延伸产业链上下游、发展银发经济,促进文化、旅游、餐饮、体育、家政、教育、健康、金融等行业与为老服务融合发展,产业与事业协同发展,能够更好地推动社会养老服务品质的提升、满足全体老年人对美好

---

① 　分类依据来源于《养老产业统计分类(2020)》。

生活的期望。

（一）不断加强老龄科技

科学技术在为老服务市场中的应用，可促进为老服务拓宽广度、挖掘深度，促进业态融合、提高企业服务力。借力科技，企业得以优化教育服务内容、拓宽教育供给渠道、创新教育供给方式，从而更好地提升全体老人的健康素养、提升全民健康水平；运用生命科学，可优化完善健康监测预警、疾病治疗、康复护理、安宁疗护等为老服务供给，在更大程度上减轻老人病痛、提高生命质量；科技辅具的创新研发，不仅能减轻照护人员负担、提升服务质量，还能提高老人独立生活能力；数智技术在为老服务中的运用，更是可将原本碎片化的为老服务整合在一起，满足老年群体一体化一站式、便捷获取各类服务的需求。

虽然现阶段我国为老服务市场中已可见各类智能产品、大数据信息平台等科技服务的身影，但总体而言，目前我国的老龄科技发展仍处于探索发展阶段，存在着诸如老龄科技服务（产品）品类单一、操作复杂、功能有限、前沿技术应用适老化滞后等不足。同时相对于技术运用壁垒，老龄科技服务能力建设的最大挑战，在于企业是否能真正从老年群体实际需求出发，以"适老化"的角度去建设与提升科技赋能老龄服务供给能力。

为不断提升科技为老服务供给能力，企业主要应从以下三个方面加强能力建设。一是增强对创新驱动发展的认识。在为老服务过程中，要真正开发出适宜老年人的产品，企业就必须重视老年人身心变化规律研究、老年人生活场景研究、适老化方式方法研究和老年使用安全研究等，只有真正了解老年人身心变化及其生活场景，才能研发出安全适老、真正为老年人所需要的产品和服务,从而推动企业在为老市场中的发展。二是增加研发投入。真正有市场竞争力的产品和服务,必须具有一定的技术含量,所以企业不能单纯地满足于仿制,而需要增加研发资金的投入、研发队伍的组建,同时建立科技成果创新激励制度,加大对研发人员和新产品营销的激励力度,从资源配置和制度上加以保障。三是突出研发重点。任何企业的资源和能力都是有限的,因此,为了能够尽快取得成效,企业应明确每一阶段的研发重点,集中资源进行突破。如着重研发关键技术和产品,通过对基因工程、干细胞和再生医学的研究,运用科学技术延缓衰老并从源头上根绝部分老年疾病;早筛技术和动态检测技术研发企业,可持续加强在可穿戴设备、动态识别与采集、行为自动干预等关键技术上的突破,推动健康管理服务能力提质增效;推动老年医养器械产品和科技护理产品的创新研发;不断推进信息共享和智慧应用技术,打造网络安全设施可靠可控的技术服务平台,搭建对接需求方、服务方和管理方的养老服务数智平台,实现需求受理、供给派单、上门服务、在线监管等一体化运作;开发管理基于"个人健康档案"的健康管理系统,实现个人健康实时监测与评估、疾病预警、慢病筛查、主动干预,智能化、精准化、专业化为老人提供"私定"健康管理服务等。

（二）耐心打造品牌企业

在新发展阶段,高质量发展已成为时代主题。走品牌化发展道路、"讲好品牌故事",是企业提高市场竞争力、实现高质量发展的重要途径。

老年群体相对比较保守,因此在消费时,通常普遍追求品牌信任度。据红杉资本于 2019 年发布的覆盖国内 50 个 1—3 线主要城市、样本数量超过1000份的调查研究报告显示①：老年群体消费比例最高的五大类为老服务产品分别为体检类（19%）、旅游类（16%）、文娱类（15%）、保健品类（15%）和商业保险类（12%）；在影响老年消费行为的购买决策因素中，"品质"是老年人群首要关注点，同时相对于网络信息等外部渠道，"朋友推荐"等熟人圈子是众多信息来源渠道中是否选择信任、决定消费的主要因素（见图6-1）。因而，为老服务企业应通过内部提升服务（产品）质量、功能和安全等，外部提升品牌口碑、知名度和影响力，在内外兼修、互相促进的过程中，以优质的服务和品牌口碑，获得老年消费者的认可、打造用户黏性、收获忠诚客户，以进一步拓宽、深化客户群与服务内容。

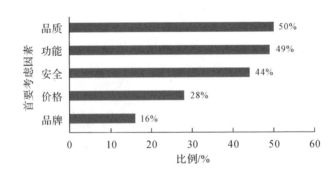

图6-1　老年群体消费决策影响因素

品牌价值由理性价值和感性价值两部分构成。理性价值指的是服务（产品）的实际价值，如对于为老服务中的上门护理服务而言，服务的理性价值指的是解决老人照护需求这一实际问题。感性价值，指的是消费者基于品牌的主要形象而赋予服务（产品）的无形价值，例如上门护理服务，

① 红杉资本.2019年中国城市养老消费洞察报告［R］,2019.

由于对品牌建立的信任感,对该企业提供的服务自觉就赋予安全、优质、人性化的标签。对于理性价值差不多的同一类产品和服务,品牌净价值(净价值＝理性价值＋感性价值－服务价格)的体现,重点在品牌感性价值,这也是长期吸引老年消费群体的最终原因。因而,为保持竞争优势、实现可持续发展,企业需结合未来老年客户群体的特性,加大自身独特品牌力建设,赋予品牌诸如健康生态、安全便捷、优雅时尚、人性温暖等理念。数智时代,企业更能够通过全域信息综合全面地了解老人的真实需求,通过多样化的沟通模式触达老年客户,因此注重对数智技术服务过程中的人性化体验保障,也将有助于更好地建立深度客户关系、提升品牌价值。

(三)蓬勃发展老龄产业

随着老年消费群体对优质老龄服务需求的不断增长,老龄消费市场将促进养老服务与旅游产业、教育产业、保险行业、家政行业、智能制造产业、营养与保健品、医学、科技产业等各大行业领域的融合发展,老龄产业发展辐射范围广泛、发展潜力巨大。由于为老服务的特殊性,若企业能结合自身资源和特点,进行供应链整合或打通产业链上下游,建立联盟合作关系,不仅能有效提升企业盈利空间,而且可推动整个产业的蓬勃发展。

从老年人需求出发,寻找"蓝海"发展。企业可通过对老龄产业链的分析,结合对老年人需求的综合分析,寻找到市场的空白薄弱点,由此切入,加快如老年益智玩具、陪护机器人、智趣 4D 互动游戏等更多适老化、高质量文娱产品(服务)的供给;培育壮大老年电商、老龄科技的发展,同时加强养老终端设备的适老化设计与开发,满足老年群体居家生活、安心养老的需求;针对不同应用环境,加快各类健康养老类可穿戴设备、智能监测和看护设备的研发、生产和销售，实现个人健康智能化、精准化、专业化管理等。

从市场供给薄弱点出发，寻找"短板"发力。目前市场在科技辅具、老年金融服务（产品）、抗衰医学等领域的服务建设薄弱，自主研发辅具技术含量偏低、使用价格高、功能弱种类少、安全系数低，整体而言处于低端水平；无论是银行发行的养老理财、储蓄产品，还是保险公司提供的商业养老保险、养老保障管理等各类养老金融服务，作为第三支柱的个人商业养老，在我国目前仍处于起步阶段；而干细胞、再生医学等精准抗衰医学服务的供给，由于市场对老年群体真实需求的忽视，导致此方面服务发展滞后。因此，企业可根据自身条件，着力在这些薄弱环节寻求发展。

从更好地匹配供需关系出发，进行产业链横向整合。企业可通过产业链的横向整合延伸产业链。企业可构建全国性养老产业交易平台，促进养老产业链上各企业之间的交流与协作，形成产业联盟（例如保利集团组织的"中国国际老龄产业博览会"）；通过投资并购或者与其他企业达成战略合作关系，通过一体化建设运营管理，延长产业链；以养老支柱产业为依托，辐射产业链条上其他相关产业，增强产业价值。企业也可通过产业链的横向整合，来进一步提升企业价值。如采用规模化、连锁化发展与精益化管理降低运营成本，提高企业盈利能力及服务价值；优化长板特色，通过优势输出提高企业的品牌知名度与市场占有率；通过技术、组织等要素的创新发展，推动整个产业链的升级。

老龄产业的蓬勃发展，将带动行业生态圈的不断创新发展，形成经济持续增长的内生动力，推动共同富裕建设不断向更高质量、更高层次迈进，最终助力老年人更好地获得物质和精神需求的满足，实现晚年幸福。

第七章

壮大社会互助力　填漏补缺

　　家家有老、人人会老，老龄友好社会的建设是全社会的职责。除了政府、家庭、企业之外，主要由社会团体、基金会和社会服务机构组成的社会组织，也是老龄友好社会建设中的一支重要力量。老龄友好社会的建设牵涉面广，政府不可能事事躬亲，也不可能件件都能办好，而绝大多数企业是以营利性为导向，非营利性、公益性事业它们能够参与，但毕竟不是它们的主业。社会组织和志愿队伍具有非政府性、非营利性、公益性与独立性等特征[①]，使得它们能够弥补政府资源不足和市场力量不愿涉足的不足，提供政府和市场无法和不愿提供的部分社会服务，填漏补缺，迅速、灵活回应社会问题。志愿者则是社会组织和志愿队伍的"细胞"，正是由于有志愿者的参与，社会组织和志愿队伍才有了生机和活力。

　　党和政府高度重视老龄社会组织和志愿队伍的发展，致力于培育壮大老年社会组织和为老志愿服务队伍。经过多年发展和实践，各级各类老年人协会、俱乐部、基金会、志愿者服务队等组织，在维护老年人权益、

---

① 李丹阳. 政府与社会组织合作共治的必要性与可行性分析[J]. 世纪桥,2015(8):50-51.

开展为老服务和老年文体活动、老年人社会管理以及参与社会公益事业等方面,发挥了积极作用。在共同富裕的过程中,进一步壮大老年社会组织和为老志愿服务队伍,推动它们依法有序地参与老龄社会治理,提供专业化的老年社会工作、志愿服务,发展老龄慈善事业,有助于整合全社会为老服务资源,弥补政府和市场力量的不足,改善养老服务供给,提升为老服务能力,更好地实现老龄社会的和谐发展。

一、搭建平台　整合资源

要充分发挥志愿者和社会的力量,首先需要有相应的平台,以整合个体的和不同社会组织的资源和力量,形成社会组织为老服务的强大合力。

（一）政府搭台　协同发力

在西方,社会组织一般为非政府组织。而在我国特定的社会结构下,我国的社会组织,从与政府的关系来看,主要可分为准官方型和纯民间型,其中准官方型老年社会组织发挥着主导的作用。

我国准官方型老年社会组织,主要包括各级老龄产业协会、老年服务业协会、老龄事业发展基金会、老年学和老年医学学会、老年大学协会、老年人体育协会、老年保健协会、老年保健医学研究会、老科学技术工作者协会等等,涉及老年用品、为老服务、助老慰问、老年医学、老年健康、老年教育、老年体育、老年科技等各个方面。这些组织通常由政府倡导或支持建立,一些组织的领导者本身就是政府卸任的官员,因此它们的权力配置、机构设置、资金来源、运作过程等都受到政府的指导、保障和监督。在政府支持下,这些组织利用官方背景汇集社会力量,发挥各自在专业领域的组织优势、人才优势和平台优势,成为老龄事业和产业发展的重要推手,政府与老年群体、组织的联系桥梁。

随着老龄社会的到来,这些涉老社会组织的重要性和规模进一步提升。在共同富裕的过程中,政府有必要通过政府智慧为老服务平台,汇集并整合准官方型老年社会组织,在开展为老活动、提供为老服务等方面,加强与业务主管部门、有关单位、其他社会组织之间的沟通、协调与合作,以实现资源共享和优势互补,从而更好地服务、积极应对人口老龄化大局,共同推动老龄事业和产业的全面发展。

各准官方型老年社会组织,则应加强业务学习与对新时期老龄事业和产业的发展研究,提升自身建设水平和为老服务能力,在各自领域当好"领头羊"和"排头兵",成为其他老年社会组织看齐学习的榜样,起到引领作用,为政府、行业、老年人搭建一站式的资源平台和标准化的服务平台。重点做好以下几个方面工作:

第一,服务政府。积极参与国家老龄相关政策制定和立法过程,提出专业建议。接受政府委托,参与相关项目的论证、评估和推广。组织涉老行业从业人员的各类培训和技能鉴定,建立行业人才信息库。开展行业基本情况调查和行业指标统计,开发、应用调查统计成果,为政府有关部门和行业单位提供决策依据。

第二,服务行业。共同富裕背景下,老年人需求进一步细化,会催生出更多的行业细分领域,社会组织可因势利导,成立细分行业协会或分会,对细分行业的发展进行规范引导。建立行业自律机制,参与制定、修订行业相关标准,参与行业监督管理,提高行业整体素质,维护行业的整体利益。建立老龄产业行业公共信息交汇平台,组织会员单位开展国内、国际合作交流活动,借鉴、推广国内外先进经营模式及管理经验,提高行业整体经营管理水平和为老服务能力。

第三,服务老年人。根据政府决策部署,引导、组织会员单位开展各类为老服务,推动会员单位服务标准规范化、服务能力专业化建设,使它们能够更好地承接政府购买养老服务,扩大保障型、普惠型养老服务覆盖面,引导和促进改善型、舒享型养老服务的高质量发展,更好地满足老年人多样化的物质和精神文化需求。

(二)民间参与 共同助力

纯民间型老年社会组织,主要指涉老民办非企业单位(组织)、民间基金会等,如老龄社会发展研究院、老龄事业发展中心、老龄产业促进中心、老龄健康俱乐部、歌舞俱乐部、老年公益基金会等。这些组织由社会力量或者志同道合的若干公民自愿组建而成。虽然它们单体力量微薄、服务内容简单、服务半径有限,但它们具有数量众多、贴近民众、服务项目细微、覆盖面广的优势,能够在为老服务中发挥大作用,同时也能够产生民间"微力量"、社会"正能量"效应,有助于营造尊老孝老爱老敬老的社会氛围,推动老年友好型社会建设,因而也是推动老龄事业和产业发展的重要力量。

在推进共同富裕的过程中,对于处于社会网络"细微末节"的老年人个性化的"急难困"问题或产业发展中的微观问题,准官方的社会组织难以做到全覆盖,这就需要民间力量加以补充。民间组织由于本身就处于社会基层,所以通常能更快速地了解和接收到这些个性化的具体信息,从而在小区域范围内提供精准的、点对点的为老服务。同时,随着物质生活和精神生活逐步实现富裕,纯民间型的社会组织的产生,将拥有更加坚实的物质基础和人才基础,这类组织的类型和数量也将越来越多。

在构建共建共享的老龄工作大格局背景下,纯民间型老年社会组织应找准自身定位,走差异化发展道路,保持"聚民气、接地气"的特色,建设更多关注"细需求"、聚焦"小切口"、做好"微实事"、解决"大难题"的老年人服务平台,充分发挥专业服务优势和资源动员优势,在"慰老""助老""扶老"方面起到更大的作用。

同时,要拓展多元筹集资金的渠道,从主要由政府资助、企业捐赠、会费缴征,转向辅之以社会化、市场化方式,通过主动参与政府购买养老服务,以及提供适当收费的个人服务,拓宽服务收费的渠道;综合运用专项贷款、抵押贷款等多样化金融支持工具,开展服务项目;加强组织的内部治理,完善组织的规章制度,加强自我管理、自我约束、自我发展,建立健全信息公开制度,提升组织的社会公信力,强化网络宣传,通过网络获得更多的捐助等。在项目运营过程中,注重引入专业化的第三方运营平台,协助解决项目前期评估、项目承接、项目运营、项目执行过程中所遇到的困难和问题,以增强社会组织项目运营能力和市场运作能力,提升经营收益,摊平成本,提高可持续发展能力。

(三)邻里守望　人人助老

微观个体也是促进公益慈善事业发展的重要组成部分。有一些个人,他们虽然没有参与相关社会组织,也没有经过专业培训,但他们饱含社会责任感,凭借着赤子之心,长期通过自愿、自发、自主的行为,力所能及地为身边的老年人送温暖、送关怀、送服务，犹如"微点星光"，为老龄事业的发展贡献了一份力量。

共同富裕有助于呼唤慈善公益的良善力量。慈善事业能够引发民众对特殊困难群体的关注，发挥类似于社会保障制度的互助共济功能，救人于难、救人于困、救人于急，从而有助于促进社会精神文明建设、促进社会和谐。随着民众富裕程度的提高，人们参与慈善的积极性也会进一步提高。所以我们应大力弘扬慈善行为，搭建慈善公益平台，畅通慈善参与途径，以充分发挥慈善的互助共济作用。

在老龄化社会，人口代际不平衡问题使得谁都难以独善其身。年轻人要赡养多个老人，老人能够获得的来自子女的支持更少，因此每个社会成员都可以，也都应该为这个"命运共同体"尽一份力，形成"人人会老，人人有老，人人为老，人人享老"的观念，积极参与互帮互助活动。在城市社区和乡村，倡导邻里互助、居民互助，鼓励邻居、年轻人、身体健康的老年人以及餐饮店、便利店、理发店、药店等个体工商户，重点为身边家庭困难、孤寡和高龄的老年人提供助餐、助洁、助急、助行、助医、理发等服务，或者看望陪伴老年人。除了直接服务外，个人也可通过向区域内老年社会组织和志愿者队伍捐款捐物，支持这些组织和队伍的发展，借由专业组织的力量达到关爱老人的目的。

【案例7-1】 暖心的"霸王餐"

浙江温州，一家面条店里，一位老人每天都会准时前来买面条，但老人每次向店主支付的并不是真钱，而是一张张自己画出来的"假币"。更令人疑惑的是，店主明知是"假币"，但依旧没有驱赶或者呵斥老人，反而每次都会多装一些面条给他。这一幕每天都在上演，老人一买就是 9 年。

老人名叫郑祖龙,5 岁的时候因为一场意外伤到了脑部,造成智力残疾,一生未能娶妻。父母离世后,他就成了孤零零一个人,虽然还有一个哥哥和几个亲戚,但都没能给予他很好的照顾。年轻的时候他还可以干些体力活养活自己,老了干不动了,自然也就断了经济来源。

郑祖龙平日里最喜欢吃的就是面条,尤其是他经常光顾的这家鲜面店,起初的郑祖龙还知道付钱,每次都会拿出一些皱巴巴的纸币和钢镚交到店主手中。但是时间一久,没有经济来源的他可能是真的拿不出钱了,就开始用自己手绘的"纸币"作为支付的钱财。店主李国色表示,当初他也是从老人的言行举止中看出了一些端倪,便顺水推舟,每次都会笑脸相迎,将老人购买的面条打包好,然后接过老人手上的"百元大钞",进行这场"爱心交易"。

李国色还时不时地在包裹里"动些手脚",会多装一些面条,放入一包榨菜或者一些小菜。但老人每次看到包裹里有面条以外的东西,都会主动给店主送回来,就算李国色特意将小包的榨菜放在面条的下面,回到家发现问题的郑祖龙也会再次回来,将榨菜交到老板手中。

很快这件事被当地的记者报道出来,记者忍不住询问店主李国色:"为什么你明知道老人给的是'假币',还要卖面条给他?"这样的问题,李国色早就被问过了无数次,他淡定地回答道:"因为我们年轻人赚钱比老人方便多了。"

因为李国色日复一日所坚持的善举,他被评选为"最美苍南人"。

（资料来源：澎湃新闻.暖！大爷用"自画钱币"买面条，店家照常收……［EB/OL］. https://www. thepaper. cn/newsDetail _ forward _ 10470934）

作为基层群众性自治组织的居委会和村委会，可以更好地发挥组织协调功能，搭建慈善方与老年人之间的供需对接、资源互通、精准服务的互助平台，把分散的个人慈善公益力量有效整合，协调统一，实现公益慈善活动的规范有序，并提高供需对接的效率和服务水平。

二、优化机制　促进互信

信任是社会组织的生命线，它包括了组织内部成员之间的互信和组织外部的社会公信力。社会组织只有获得成员的信任，才能够源源不断地吸引人才，并且使成员忠诚于组织，为组织发展贡献力量；只有赢得社会公信力，才能够增强政府、受益人、公众对社会组织的认可度和接受度，为社会组织发展创造良好的外部条件，实现可持续发展。因此，社会组织需要重视信任机制的建立，不忘初心、牢记使命、遵规守法、规范运作。

（一）优化激励机制　凝聚合力

社会组织的发展关键在于人才。我国的社会组织从来不缺乏社会爱心人士的参与，缺乏的是专业管理人才和服务人才。虽然近年来国家加大了学历教育和职业教育中有关社工专业人才的培养力度，许多院校也开设了公共管理、行政管理、社会治理等相关课程，同时社会组织的就业机会也不断增加，但由于薪资待遇低、工作难度大、社会地位低、职业定位不明确等问题,大量学生在毕业之后还是选择就职于其他组织,社会组织优秀人才引不进、留不住的问题突出。此外,如何让更多人参与到公益慈善活动中,也是摆在社会组织面前的重大难题。解决以上问题,重要的是要优化激励动员机制。

在共同富裕背景下,国家致力于推动共同富裕和慈善事业的发展,为社会组织吸引人才创造了良好的条件。绝大多数成员单位或个人,选择加入社会组织,通常更多的是出于社会责任感。随着共同富裕进程的推进,越来越多实现财富自由的企业或人群,需要一个平台去实现自己的社会责任或爱心,加入社会组织是可选项目之一。社会组织要坚持用事业引才,一个成功的社会组织,应能够坚持自己的宗旨和使命,在社会服务中给成员带来成就感和自豪感,让成员认为组织的活动是值得的、有意义的。堕落腐化、背离初心的社会组织,则必将会因为难以得到成员的认同而分崩离析。

社会组织从业人员直接参与组织管理与服务项目的策划执行,他们对组织的认可度和忠诚度直接影响组织的活力。社会组织要给从业人员建立一个清晰、可见、可持续的职业发展路径,完善组织内部晋升通道,让成员随着能力提升、职位晋升有更多的获得感、成就感。同时,社会组织要创造良好的学习和工作氛围,内部团队之间互帮互助、共同成长,通过职业价值认知教育和组织技能培训学习,提升从业人员的素质和能力,强化职业认同。关联紧密的社会组织之间,可拓宽选人用人的渠道,建立人才池,促进社会组织间的人员流动,给予成员在同领域内其他组织学习、挂职、发展的机会。

（二）完善治理机制　规范运作

社会组织的高质量发展重在规范化建设和服务。一些社会组织"野蛮生长"，理想信念丧失，逐步背离公益性的结社初衷，成为少数人谋取私利的工具。管理和服务团队职责不清，经费使用账目不清，项目执行绩效低下，缺乏信息透明与公开，从而丧失了社会公信力。更有甚者，一些社会组织的分支（代表）机构，擅自或违法开展活动，或与非法社会组织勾结，为非法社会组织活动提供方便，不仅没有给老年人送去福利，反而给老年人带来了灾难。

社会组织加强规范化管理，首先要完善内部治理机制，制定精细化专业化的内部管理规章制度。完善组织结构，建立党组织，发挥政治核心作用，履行好保证政治方向、团结凝聚群众、推动事业发展、建设先进文化、服务人才成长、加强自身建设等基本职责①。明确监事会、理事会、管理机构的职责分工，建立分权制衡、相互协调、高效运作的法人治理结构。完善民主决策、民主监督机制，尊重组织成员的知情权、参与权、表达权、监督权。完善组织章程的执行监管力度，增强组织成员自律意识，规范组织成员的行为。全面加强财务管理制度，建立健全财务规章制度，对资金进行合理的计划、调度、运用及分配。完善信息公开制度，建立多渠道信息公开方式，全力保障社会公众知情权、参与权，及时回应社会关切。

---

① 新华社. 赵乐际在全国社会组织党的建设工作座谈会上强调切实发挥社会组织党组织的政治核心作用[EB/OL]. http://www.gov.cn/xinwen/2015-10/16/content_2948407.htm.

（三）提升专业能力　树立品牌

社会组织要获得信任、建立品牌,需要有专业的服务能力。服务是否专业,能否解决问题、满足需求,是检验社会组织能否发挥作用的金标准,也是社会组织能否树立品牌公信力、获得生存与发展的基石。服务质量差、态度不佳,老年人和政府自然不会信任、不会选择继续购买或接受服务。另一方面,我国面临的人口老龄化形势严峻,挑战巨大,老龄工作牵涉范围广,各项工作千头万绪,例如:在一些行业标准、服务规范等方面存在空白,这对社会组织协助政府、企业参与老龄社会治理工作的能力,提出了很高的要求,需要有较高水平的科学研究能力和专业服务能力。在微观上,老年人服务需求内容多、项目细,部分服务专业性强、安全风险高,对社会组织成员的专业服务能力也提出了高要求。

社会组织要提高专业能力,可以通过聘请业界"大咖"、学术"大牛"加入组织,强化核心成员的实力,以"大佬"个人品牌和完成的优质项目,带动社会组织赢得良好声誉,通过"大佬"的培训,带动组织整体专业性的提升。可以邀请专业人士开展讲座,选派成员定期到专业机构进行学习、培训和实习。更重要的是营造良好的学习氛围,开展诸如"我的业务我来讲"等活动,使组织成员积极、主动地参与学习,在良好的氛围中培养成员的自主学习能力。同时开展知识竞赛、技能大赛等活动,用荣誉奖励和激发成员的学习动力。

针对老龄社会治理的不同议题和老年人多样化的服务需求,社会组织可建立科学的"分类—综合"服务团队。在社会组织内部建立组团,根据社会组织成员学科、工作背景和专业能力资源的实际状况,有针对性地选择人员组建不同的服务小组,进行专项训练提升。搭建不同服务之间的协同机制,组建综合服务小组,开展训练,提升技能与协同配合能力。在服务实施过程中,对于政府、企业和老年人的单一服务需求,选派专业小组成员提供服务;对于综合类的需求,则由综合服务小组提供服务。

社会组织应加强与政府、专业机构的联系,在它们的指导下制定科学的服务方案,明确服务项目、服务场所、提供的方式和时间、所需的服务人员类别、配备的设备及工具和其他注意事项。充分运用信息化技术和手段,做好服务追踪,及时记录和备份服务数据和档案,做好服务评价工作,对在线收集的服务意见,及时整理。加强服务过程评估,及时发现问题,改进方式。加强对服务结果的考核和复盘,建立和优化标准化的服务方案,持续提升服务的标准化、专业化水平。

三、志愿服务　助老成己

志愿服务具有自愿性、无偿性和公益性特点。志愿服务队伍中,规模较大的,符合相关设立条件,向民政部门进行正式社团登记的,属于社会组织;而更广泛地,我国社会上还存在着许多内治性、自发性、临时性的志愿服务队伍,它们在党组织、其他部门的指导下成立或自发组成,具有机动灵活性。在推动共同富裕的进程中,通过非正式组织的形式,简化参与流程,提供便捷的参与方式,能够更加广泛地动员人们参与一些非专业化的公益慈善服务,从而更加高效地把分散的个人微薄力量聚合起来。

(一)银龄共助　扩面下沉

"积极老龄化"观念逐步深入人心,将鼓励和支持老年志愿服务事业的发展。老年志愿服务组织是由老年人自发成立并自主开展以老年志愿服务活动为主的志愿组织,它倡导老年人之间的互帮互助,低龄老人帮助高龄老人,健康老年人帮助失能失智老年人。虽然我国老年志愿服务还处于发展的萌芽期,尚未形成统一、高效、长期的管理机制,但是随着老年化程度的加深,积极老龄化观念的深入人心,越来越多的老年人主动参与到老龄志愿服务中来,老年志愿服务拥有巨大的发展潜力。

目前老龄志愿服务的组织形式,主要有协会型、协助型。协会型是真正意义上的志愿者组织,通过民政部门相关程序的批准注册,老年人通过申请、注册登记等程序,成为组织的正式成员。而协助型是在养老机构、社区居委会、村委会或有关机构支持下成立的,以协助社区、村或机构开展老龄工作为目标的老年志愿服务队、老年志愿服务小组等①。在未来,为推动老年志愿服务的下沉,扩大老年志愿服务的覆盖面,从而惠及更多的基层老年人,应该更好地鼓励协助型老年志愿服务组织的建设。

【案例7-2】 "吾骥帮帮团":发挥休养员自身优势助人自助

2022年3月初,杭州市社会福利中心成立了一个平均年龄超过八十岁的奉献互助组织——"吾骥帮帮团"。"吾骥帮帮团"的名字,出自三国·魏·曹操《步出夏门行·龟虽寿》中的"老骥伏枥",寓意人虽然年老,但有着不服输的斗志与精神,仍希望贡献自己的一份力量。

福利中心的护士长们在日常工作中发现,调解休养员之间的一些矛盾或宽慰休养员焦躁情绪时,其他休养员也会在一旁热心协助,

---

① 沈娟.老年志愿服务组织管理的长效机制探究[J].中外企业家,2014(16):224-225.

帮忙劝解,而且沟通起来似乎更为有效。所以福利中心积极尝试,通过"毛遂自荐"与"特别邀请"相结合的方式,组建了现在的"吾骥帮帮团",让他们发挥独有的"身份"优势,进行助人自助。

"吾骥帮帮团"除了帮助一些对新环境感到不适应的新入住休养员之外,还协助安抚了很多老人在疫情封闭管理期间的不安情绪,并替一些需要帮助的休养员,建立起跟膳食、社工、后勤等部门的联系。

"吾骥帮帮团"的成员表示,因为自己在福利中心得到过支持与帮助,所以也希望可以回馈中心。而且在帮助的过程中,看到别人幸福的样子,自身也很有满足感。

(资料来源:钱江晚报. 杭州的福利中心里有个"80 +"老人帮帮团,老人们的心事他们最懂[EB/OL]. https://baijiahao. baidu. com/s? id = 1728528296429569517&wfr = spider&for = pc)

养老机构、居委会和村委会,可以以机构或辖区内低龄老年党员为基础,鼓励他们发挥共产党员的表率作用,组建志愿服务队伍,由他们发动老年人力量,带动更多人参与志愿服务,壮大老年志愿服务的力量。设立老年志愿服务积分激励和荣誉激励机制,老年人提供服务,可以获得相应的积分,用积分可以兑换产品或服务。每年开展志愿服务满意度调查,表彰先进个人,以此激励更多的人加入社区或机构的志愿服务活动,促进志愿服务的常态化与可持续发展。通过发挥专业志愿服务人才的指导作用,对老年志愿者进行政策法律、应急救援、自护、医疗、居家安全、服务心理、互助意识等各方面的培训,使低龄老年志愿者具备志愿服务所必需的知识技能,具备较强的服务意识、服务精神和服务能力,保障志愿服务的专业性和持续性。

（二）志愿帮扶 聚焦保障

在推进共同富裕的过程中,如何保障每一个老年人都不被落下,是志愿组织可以发挥作用的地方之一。志愿者协会、党员志愿者组织、青年志愿者组织、大学生义工社团等志愿服务队伍,它们虽然不是专门为老年人而设立,但是它们也常把老年人作为传统帮扶对象之一,定期开展助老服务项目,为老年人送去关怀和温暖。这些志愿服务组织数量众多、分布密集、类型多样、规模庞大,作为一支活跃的有生社会力量,对老龄事业的发展长期起到了重要的助推作用。

由于以往老年人服务仅仅是这些志愿服务组织的服务对象之一,在新的形势下,这些志愿组织可投入更多的资源,由面向老年人全人群,更加聚焦到空巢、留守、低保等特殊困难老年人群体上,开展定向帮扶,协助政府做好兜底保障工作。在保障方向上,既要做好常规的生活物资捐赠等,为经济保障添砖加瓦,下一阶段还更应关注政府难以周全保障的老年人心理健康和精神卫生保障,通过"一对一""多对一"联谊结对方式,与有需要的老年人建立长期稳定的联系,增强互信,常去探望,舒缓空巢、留守老年人缺失亲人的情感需求,也可以利用组织资源,帮助老年人解决文娱、休闲、就业等问题。例如:支持身体健康的困难老年人加入自己的志愿服务组织,让老年人有更多机会参与社会活动,使这些困难老年人不仅能够解决吃喝问题,还能够跨越到身心愉悦的新境界。

此外,老年人志愿服务也须提高专业性。传统志愿服务组织的志愿者来源广泛,成分复杂,个体素质不一。对于大多数志愿者而言,激情充盈的现象普遍,但并非人人拥有专业性、适应性强的特质。例如:年轻志愿者或许并不懂得老年人的想法和习惯，难以感同身受，这些问题会影响到志愿服务的质量。因此，提供老年人志愿服务，需要对志愿者的行为有科学的组织、专业的引导和科学的计划安排，让志愿者掌握老年人服务行为原则以及相关的知识、技能、技巧等，以更好地为老年人提供服务。

（三）社会工作　助老自助

老年社会工作是社会工作的重要内容之一，它是指受过专业训练的社会工作者，在专业的价值理念指导下，充分运用社会工作理论和方法，为在生活中遭受各种困难而暂时丧失社会功能的老人，解决问题、摆脱困境并同时推动更多的老人晚年获得进一步发展的专业服务活动[1]。

与传统的志愿服务不同，社会工作的一个核心理念是"助人自助"，社会工作者的帮助方式不是充当医生去治病救人，而是帮助受助人找到自我解救的方式，这也契合了积极老龄观的理念。

老年社会工作作为一项"舶来品"，在我国起步晚，发展过程中遇到了诸如政策保障力度不足、专业化水平和独立性程度不高、专业人才短缺且流失率高、社会认知度和认同度低等问题，发展较为缓慢。未来基于人口老龄化的趋势，政府重视程度的逐渐提高，社会工作的职业环境得到改善，我国老年社会工作将拥有较为广阔的发展前景。作为老年社会工作行业从业者，要在专业上下功夫，与志愿服务错位发展，充分体现自己的专业性，彰显自身的价值和不可替代性，从而在老龄工作中占据应有的一席之地，发挥应有的功能。

---

[1] 谢立黎.社会养老服务体系下的老年社会工作本土化探索[J].社会福利(理论版),2012(8):12-18.

老年社会工作要深入养老机构、社区、农村老年人中,进行走访,倾听老人们的心声,找好找准工作的切入点,把更类似于志愿服务提供帮助的项目,调整为更符合社工"助人自助"价值观和积极老龄化理念,更能体现人的价值和激发潜能的项目。未来,老年社会工作可以聚焦失能失智老年人照护、安宁疗护等养老服务的薄弱环节,以精神慰藉为主开展个案、小组社会工作,通过陪伴、重塑老人新的社会化环境,探寻老年人心灵深处的真实愿望等多层次的专业服务,协同家属、护理员、医护人员力量,形成老年人社会支持系统,帮助老年人在情感上获得支持,舒缓老年人的不良情绪,让他们有安全感,从而提升生活质量和幸福指数。

【案例7-3】　小河街道社工站：

聚焦困境老人,改善基层养老服务供给

"社工姐姐,我奶奶又不见了!"

小河街道社工站社工曹媛刚下班,迎面走来一位焦急万分的年轻女孩。患有轻度认知症的张奶奶,已经是第三次走失了。

当社工和女孩终于在河边找到满头大汗的奶奶时,才知道她出来散步却怎么也记不起回家的路了。女孩哭着抱住奶奶,告诫她下次再这样,就只能把她反锁在家里了。奶奶像犯了错的孩子一样,低着头不敢吭声。家里只有祖孙二人相依为命,女孩不想把奶奶送到养老院,但又不知如何才能让奶奶不再走丢。

"绝大多数认知症老人选择居家养老,而家庭却普遍存在对认知症认识不足、照护能力欠缺等难题。"杭州市社会福利中心社工督导秦芸告诉记者。街道社工站引入杭州市社会福利中心后,社工们有针对性地设计并开展了"安心社护"社工服务、认知症社区照护服务

等项目。

社工链接医疗、志愿者等资源，为健康老年人科普如何认识并预防认知症，开展病症筛查。针对张奶奶的情况，社工链接杭州市认知症照护联盟和医师专家，对奶奶进行了详细诊治；协助申请家庭适老化改造，减少奶奶居家活动的安全隐患；还邀请奶奶参加非药物干预社工小组，通过金曲歌唱、蔬果认知、追溯青春等形式，开展康复训练，延缓认知退化病程，提高生活质量。

为提升家庭照护能力，社工在社区定期举行认知症照护专业知识讲座，联系养老机构护理员定期上门为患者进行身体护理、沐浴等专业照护服务，对接志愿者团队定期上门探访，为家人提供喘息服务。

不仅仅在小河街道，在更多的社工站，社工整合各类养老服务资源，聚焦社区困境老人，改善基层养老服务供给，让留守、独居老人空巢不空心，失能失智老人不失尊严，贫困老人生活不犯愁难。

［资料来源：张燕，张世华．社工助力养老：触摸得到的温度［J］．中国社会工作，2021（31）：17-18．］

四、开源引流　慈善助力

共同富裕带来社会整体富裕程度的提升，财政支持强度、金融服务力度、慈善捐赠能力的显著改善，能够为社会组织和专业化志愿服务队伍开源引流，扩充运营资金来源渠道创造良好的条件，为壮大社会互助力奠定坚实的物质基础。

（一）财政支持

　　财政资金的支持,是公益性社会组织和专业志愿服务队伍生存和发展的重要支撑。为加强社会组织和志愿服务队伍能力建设,完善公共财政对社会组织和专业志愿服务队伍的扶持机制,中央财政、地方财政长期通过专项补助资金、扶持资金购买社会服务,支持社会组织和专业志愿服务队伍参与社会服务,而老年人服务是这些资金重点支持的服务项目之一。在共同富裕的过程中,除了政府进一步加大财政购买服务的面和强度,并通过改善准入环境、完善采购环节、加强绩效管理等措施,进一步完善向社会组织和专业志愿服务队伍购买服务的相关政策制度之外,站在社会组织和专业志愿服务队伍的角度,则要充分利用好财政资金的支持,加强服务品牌的建设,打造标志性的成果。

　　社会组织和专业志愿服务队伍的名称是一块招牌。切合政府服务需求的招牌,能够吸引政府向其购买第一次服务,但让政府持续买单,需要的是品牌。因此,社会组织和专业志愿服务队伍,要切实运用好财政资金,提高服务承接能力,运作好服务项目。在项目运作过程中,提升自身实力,树立品牌,赢得良好的口碑,获得政府的信任,从而在未来能够获得更多政府购买服务的机会。要提高资金管理和使用的安全性、规范性和有效性,扩大资金底数。运营政府购买服务项目,不能只抱着财政资金"一个饭碗"吃饭,要通过统筹安排社会募集资金和自有资金作为补充,充实项目运营资金,把服务标准提高,使得项目运营的质量不仅达标,更能做优,达到政府满意、老人舒心的效果。要加强预算管理,结合经济社会发展和财力状况,科学、合理安排相关支出预算,结合服务项目特点和相关经费预算,综合物价、工资、税费等因素,合理测算安排项目所需支出。自觉接受政府和社会监督,及时反馈和公开项目运营的相关信息,方便政府和社会大众了解项目进展,评估服务效果。

（二）金融服务

政府采购资金是社会组织和志愿服务队伍的主要资金来源,但由于政府采购经费有限,并且政府通常采取资金分批拨付机制,资金拨付存在一定滞后性,这会导致一些社会组织和志愿服务队伍面临运营资金暂时性短缺问题。此时往往就需要组织相关负责人通过各种途径和方式筹款。正规金融机构的支持,对于社会组织和志愿服务队伍充实运营资金,特别是解决资金暂时性短缺的燃眉之急,显得尤为重要。

对于金融机构而言,金融服务养老事业和产业,也是推动共同富裕的重要内容之一。我国涉老服务组织和志愿服务队伍量大面广,是一个前景广阔的服务领域。加大金融支持力度,有效满足迅速增长的养老事业和产业发展金融服务需求,是促进金融市场发展和金融结构优化的重要手段,是金融机构拓展新业务的重要机遇,是金融业转型升级的重要途径,同时也能够支持养老事业和自身转型发展的良性互动[1]。

近年来,国家出台一系列政策,鼓励银行业金融机构加大对符合条件的社会组织的金融支持力度。在政策指导下,一些金融机构将有关中小微企业的金融支持政策,延伸适用于社会组织和志愿服务队伍。还有一些金融机构,推出了专属金融服务方案,通过设立专项信贷资金,降低授

---

[1] 中国人民银行 民政部 银监会 证监会 保监会. 关于金融支持养老服务业加快发展的指导意见[EB/OL].http://www.pbc.gov.cn/goutongjiaoliu/113456/113469/3035178/index.html.

信准入条件、开设绿色服务通道、优惠服务收费、免息或延期付息等举措，来支持社会组织和志愿服务队伍的发展。

在目前整体政策环境有利的条件下，社会组织和志愿服务队伍，可以以行业整体的名义，在当地民政部门的牵头下，与本地的金融机构进行协商，充分表达自身的需求，按照"资质＋用途"，合作开发各类创新型专属金融服务产品，既包括长期稳定的支持，也包括快速紧急贷款。社会组织和志愿服务队伍要正确认识金融服务，提高金融素养和风险防范能力，合理合法使用金融工具，专款专用，杜绝将支持资金用于投机获利。

【案例7-4】　杭州市民政局、中国银行杭州市分行合作推出专属金融服务方案

杭州市民政局、中国银行杭州市分行合作推出专属金融服务方案，设立100亿元专项信贷资金，降低授信准入条件，推出系列专属服务举措，全力支持杭州养老服务行业、教育培训等社会组织单位的复工复产，缓解疫情影响，助力机构渡过难关。

1. 抗疫相关"战疫贷"产品。在疫情防控期间，针对疫区或与疫情防控和民生保障相关的养老服务企业和民办非企业，推出专项"战疫贷"产品支持，单户最高金额可达3000万元，担保条件最低可纯信用贷款，利率水平远低于常规贷款，充分满足其采购、生产、建设等各项资金需求。

2. "集采通宝"产品。为获得政府意向采购订单（尤其是疫情期间的民生保障订单）的养老服务机构、社会组织、民办非企业，提供单户最高金额3000万元、担保条件最低可纯信用贷款的持续性信贷支持。

3. "中银税务通宝"产品。对纳税记录良好，上年纳税等级为A/

B/M 类的养老服务机构、社会组织企业提供专属产品支持,该产品项下抵押物折率最高可至100%。

4."信用宝"产品。依据浙江省工商局小微企业"小微企业云平台·信用宝"评价数据或被社会组织等级评估为3A以上的社会组织,提供最高200万元的"守信贷"小额信用贷款。

5.极速审批"普惠快抵贷"产品。为有充裕抵押资产的养老服务机构、民办非企业、社会组织提供快速审批业务,常规审批时效可控制在1个工作日内。

6."中银利业通宝"产品。"中银利业通宝"是为有购建经营资产(包含商业楼宇、员工宿舍等)需求的养老服务机构提供的专属信贷产品,该产品的信贷支持期限延长至10年。

7."养老通宝"产品。针对在民政部门评为三星级以上的养老服务机构,根据机构成立年数、运营床位数量、营运及建设资金的补助情况,提供专属产品支持。

(资料来源:钱塘新区支行公司部. 杭州市民政局、中国银行杭州市分行联合推出社会组织专属金融支持服务方案[EB/OL], https://www.meipian.cn/2skxogw7.)

(三)公益捐赠

公益捐赠是社会组织收入的重要来源,在社会组织和志愿服务发展较好的国家,来自企业、个人的社会捐赠,在社会组织和志愿服务队伍的收入中,占有较大的比重。根据约翰·霍普金斯项目公布的数据,39个有可靠数据支持的国家显示,这一比重通常能够达到15%以上①。

近年来,随着我国公益事业的发展和社会公众公益慈善意识的增强,社会组织和志愿服务队伍已逐步成为接受公益捐赠的重要主体。根据《2020年民政事业发展统计公报》,全国社会组织捐赠收入1059.1亿元,比上年增长21.3%。而在推动共同富裕的背景下,随着三次分配以及相关配套制度的建立健全,公益慈善事业必将迎来更快的发展。

在第三次分配的格局中,社会组织和志愿服务队伍要有充当主体的责任担当,构建"信任—透明—善用"的良性循环机制。企业和个人自愿捐赠的基础是"爱心",向某家机构捐款的前提是"信心",只有"爱心+信心",第三次分配才能健康发展。社会组织和志愿服务队伍除了做好公益宣传、唤起社会爱心外,更重要的是建立公众的信任。

公众信任的建立,重在规范和透明。社会组织和志愿服务队伍,从组织筹款筹物,到接受公众捐款捐物,再到管款管物,最后到用款用物的全过程,一定要规范、公开、透明,清晰明了,能够接受社会公众的检验。郭美美事件对中国红十字会的伤害影响至今,人们对红十字会信任之脆弱,其根源还是透明度的问题。因此,"信任+透明"是社会组织和志愿服务队伍的生命,也是第三次分配发展的底线。

此外,为在更大范围、更长时间内激发公众参与公益捐赠的热情,社会组织和志愿服务队伍还要把第三次分配的捐赠资源用好,善财善用,提高效率,这也是社会组织和志愿服务队伍专业能力的体现。鼓励社会公

① 刘振国,臧宝瑞,俞惠中.打通社会组织接受捐赠"最后一公里"——关于《财政部　民政部关于进一步明确公益性社会组织申领公益事业捐赠票据有关问题的通知》的解读[J].中国社会组织,2016(5):16-17.

众参与公益捐赠，不能让公众感觉是一捐了事，捐完就没有了下文。社会组织和志愿服务队伍要跟踪反馈，甚至可以让捐赠者亲自参与活动，让他们看到自己的公益捐赠成果，从而不断激发热情，进行长期性的支持。

社会组织和志愿服务队伍作为政府和市场之外的新时代的重要社会力量，是组织公众参与社会治理的有效方式①。创新社会服务的可行路径，能够填漏补缺，承担政府不能和市场不愿做的老龄工作，更好地弥补养老服务体系中的薄弱环节。壮大社会互助力，既需要政府搭建平台，市场提供支持，更需要社会组织和志愿服务队伍主动作为，加强内部治理和专业能力建设，从而赢得政府信任、行业认可、人民的广泛赞誉，促进自身的长期稳定可持续发展。

---

① 张书琬. 新时代文明实践志愿服务与农村基层治理现代化：参与式治理的视角——以贵州省龙里县实践为例[J]. 中国志愿服务研究,2020,2(1):106-126,210-211.

第八章

激活科技支撑力　助推享老

在高质量推进共同富裕的进程中,科技创新也具有了新的使命担当。立足新发展阶段,科技创新要面向社会经济发展重大需求、面向人民健康。面对迈入共同富裕时代的快速老龄化,给全体老年人提供更加丰富、更加便捷、更好质量、更低成本的养老服务,是科技创新应该着力发挥作用的方面。现代科技发展,也为解决养老困境、优化我国养老资源配置、提高老年人群健康寿命,创造了条件、提供了新方法。例如,通过运用数字技术,拓展健康知识对老年群体的覆盖范围及内容边界,实现从思想到行动全方位的健康促进;通过攻克技术壁垒,建立老年人患病前期到生命末期的完整监测护理体系,实现从预防到疗护全周期减轻病痛困扰;通过构建线上线下相结合的服务平台,建立科技辅具从适配到使用全过程省心省力的服务体系,提高老年人自理能力及护理人员照护能力;通过搭建智慧养老平台,打通家庭、社区、政府、养老机构、医疗机构等数据信息,实现从服务到监督全方位智慧助老……将科技力量逐渐渗透到老年人生活的方方面面,持续扩大科技成果的运用,将能更好地助推老年群体日益增长的对优质养老服务需求的满足。

科技支撑是促进养老服务体系现代化的重要手段。通过借力科技，实现养老服务多元主体协同、多类资源整合、多种方式融合，在从碎片化走向一体化治理和服务的过程中，日益明晰共建共享的养老服务高质量发展道路，并循序渐进地扎实向前推进。

一、科普知识　促进健康

在人口老龄化背景下，我国老年人的健康状况不容乐观，《"健康中国2030"规划纲要》中明确指出："需推进全面健康生活方式行动，加强指导及干预家庭与高危个体的健康生活方式。"[①]健康教育在引导及教育老年人积极养成有利于健康的行为，并使其达到并保持最佳的健康状态中，发挥着重要的作用，是我国积极应对人口老龄化、推进健康老龄化的重要举措。

目前，我国老年人总体健康素养较低。除受传统的不健康、不科学的生活习惯影响以外，互联网时代信息的冗杂与市场的过度营销，也同样影响着老年人的生活观念及生活方式。科学有效的健康教育，一方面有益于老年人树立科学健康观、增强自我健康认知、减少患病风险、养成健康生活方式，另一方面也有助于让老年人免受不良信息的侵扰及不必要的经济负担。因此，围绕与老年人生活紧密相关的健康话题，通过适宜的途径，运用适合老年人的健康教育方式，定期开展健康教育，有效提升老年人对健康的认知，有助于维持其身心健康，提升社会整体老年健康水平。

---

① 朱博文，李莲．"互联网＋"在老年人健康管理中的应用[J]．数字技术与应用，2021，39（6）：77-80．

（一）优化教育内容 科学多元

培育一种思想，便能收获一种行动。激发老年人的学习需求，帮助老年人树立积极学习健康知识的观念，提升其在健康教育中的自主参与度，是健康教育过程中首要且重要的一环。进行健康教育前，社区应充分利用社会教育资源，对老年人提供积极帮助，使其清醒认识到"如何安度晚年"，帮助消除消极养老观念，引导老年人将"维护机体功能，保持自主生活能力"作为健康生活目标，树立"自己是健康第一责任人"的积极老龄观以及乐活乐享、终身学习的理念，产生学习动力；其次，加强对老年人的学习引导，社区可以通过养老服务平台，为辖区内不同年龄段、不同受教育程度的老年人制定个性化学习计划表，让老年人养成良好学习习惯，规律学习。

健康教育的全程，需立足于人类最新的健康保健知识，将预防老年相关疾病的发生，控制疾病发展，最大限度延长生命的健康时段，作为健康教育的核心目标。以老年人需求为导向，以科普与日常生活紧密相关的健康知识为主，根据时事热点、前沿研究成果等，不断创新教育内容，并通过互联网技术，将老年群体按照年龄、区域、受教育程度等类别进行细分，因人而异、因地制宜地把健康教育做得更完整、更多元、更科学、更个性、更具时代特征。

多元化教育内容，让健康知识更丰富。老年人最关注健康，也最想保持健康，但大多数老年人却不知道如何才是正确的健康行为，导致出现了很多怪现象：有些老年人过度养生保健，早晨按摩，白天健身，晚上泡脚，一天到晚都在折腾身体；还有些老年人过度减肥吃素、过度依赖保健品，甚至过度运动，最后瘦到皮包骨头……因此，拓展教育内容，让老年人能从各方面充分了解健康生活方式及其根本原因，从源头上改变健康观念，养成正确的生活习惯显得尤为重要。例如，通过康复保健教育，让身体功能下降的老年人学会自觉主动采取相关保健措施，加强脑力及身体训练，尽早恢复健康或减缓衰老；通过科普营养膳食食谱，让老年人慢慢养成合理的饮食习惯，平衡膳食，维持足够的营养水平；通过开展老年常见病及慢性病防治教育，让老年群体充分了解患病原因，提高他们日常预防常见疾病和自我诊断的能力，做到疾病早发现、早诊断，同时，让患病老年人学会在疾病治疗过程中依嘱科学用药；通过普及日常锻炼方法，让老年人保持正确的锻炼频率，掌握日常生活中的保健技巧，避免过度锻炼和不当运动；通过心理疏导及死亡教育，帮助内心孤单、状态消极的老年人树立生活信心，保持社会适应能力，正确面对死亡等。随着此类贴近生活的健康常识不断普及，老年人所了解的健康核心信息越来越多，掌握的健康生活技能越来越新，"银发一族"将活得更健康、更愉快、更高质量。

规范化教育内容，让健康知识更科学。现在社会上有不少所谓的"养生专家"，不但没有相关资质，还可能受"带药""带货"等利益驱使，对老年人进行误导。因此，健康教育内容的科学性应由政府主导，相关专业教育和科研组织辅助共同推动，通过老年大学统编并出版系列教材、鼓励各类官方主流媒体增设健康科普专栏、建立医疗机构和医务人员开展健康科普知识生产促进机制等方式，面向老年人及其照护者普及科学的营养健康知识和健康文明生活方式。加强健康教育体系建设，实现老年健康教育的科学化、系统化、规范化，可让老年人获得正确的健康知识，从而在健康生活的道路上少走"弯路"，避免背道而驰。

通俗化教育内容,让健康知识更易懂。在老年人文化程度普遍较低的当下,能让老年人轻松地理解健康知识,并将健康知识转变为日常的具体行动,是健康教育的应有之义。如今,有些面向老年人的健康宣讲活动,为了显示其知名度或权威性,涉及内容专业性强,晦涩难懂,对于原本就文化程度不高、知识缺乏、记忆力衰退的老年人来说,不仅不容易懂,也不容易记,更不用说能跟着做。因此,健康知识的易学易用,对老年人主动践行健康生活方式十分重要。根据老年人特定的生理及心理特点,通过健康知识分类讲解、重点常识分条归纳、注意事项按点罗列等方式,隐去其中深奥的专业原理,将健康知识变得更加简单明了、浅显易懂,更具备记忆性及日常可操作性,能使老年人在日常生活中反复记忆并活学活用,在提高其健康素养的同时,促使其改善健康状况。

（二）拓宽供给渠道 方便可及

拓宽教育供给渠道是广泛和有效开展健康教育的基础,也是让更多人公平获得健康教育机会的必然要求。对老龄社会中庞大的教育需求群体来说,目前政府主导、市场参与的健康资源供给渠道,一定程度上缓解了教育方式乏味单一、资源供给紧张的局面。但由于目前普惠性老年教育机构覆盖率较低,老年大学"一座难求"的局面时有发生。依靠传统的机构化、"围墙式"的教育方式,已远远不能满足大量老年人对健康教育的迫切需求。不仅如此,数字时代的到来,以及在疫情防控常态化的背景下,在线教育的快速发展,也推动了老年健康教育模式的创新与变革。但随之而来的各类虚假不实、毫无"营养"的健康"伪"知识,也开始不断充斥在老年人的微信朋友圈以及各大网络平台。这无形中增加了老年人鉴别、选择信息的难度，增加了老年人接受错误教育的可能性。因此，在新形势下，从老年人群的个体需求出发，以健康教育资源供给的科学性及有效性为前提，发挥政府教育的主导作用，社区教育的基础作用，鼓励社会力量广泛参与，并依托数字技术构建教育资源共享平台，建立"政府＋社区＋机构＋网络"的老年健康教育服务格局，对汇集教育资源、完善健康教育途径，具有重要意义。

发挥政府教育的主导性作用，增强教育供给的权威性。目前，我国老年健康教育管理较为松散，政府各主管部门职责分工不清等问题，导致老年健康教育难以落实到位。为切实提高老年人健康素质，政府应发挥教育主导作用，保障各阶层、各年龄段老年人的健康教育机会公平、内容可信。例如，通过联合教育厅、卫健委、老龄委、老干部局等多个相关单位领导，组成老年教育领导小组，作为决策机构，出台各项规范老年健康教育的师资队伍建设、教材开发、教学科研等方面的文件，促使老年教育真正实现制度化、科学化、现代化，让老年教育有法可依；通过在各地市卫健局老龄处设立老年健康教育领导小组办公室等办事机构，承担老年健康教育日常教学、研讨、网络信息筛查等管理工作，将老年健康教育落到实处；除此之外，通过组织建立各级老年教育协会并下设健康教育专业委员会，从行业规范、职业准入、专业学术和活动规范等方面，协助并指导老年健康教育的发展，营造良好的服务及学习氛围，不断形成老年健康教育社会合力，助推老年教育事业发展[1]。

运用社区教育的基础性作用，提高教育供给的便捷性。社区教育是

---

[1] 陶薇,李国昊.江苏省老年教育创新发展探索[J].成人教育,2019,39(5):55-58.

老年教育的主要平台,是社会教育、终身教育、全民教育的重要环节。应充分利用社区的特定场域和农村的文化礼堂,依托不同区域的资源优势、文化优势,打造"十分钟学习圈"的社区送教模式。社区应坚持便民化、人性化的服务理念,通过整合区域内教育资源,将老年大学融入社区教育,把资源以社区教学点的方式,送到老年人的家门口,让老年人能方便地在家门口享受到多元化、个性化的健康教育福利。通过创设多类型服务载体,构建网络资源、线下服务、学习刊物相互融合的健康知识传播链条,满足"人人可学";通过增加线下集体活动频次和线上学习资源开放度,做到"时时可学";通过服务下沉,深化区域服务功能,线上资源多终端同步化,实现社区范围内"处处可学",最大化提升社区教育服务的价值。

激发社会资源的协同性作用,完善教育供给的规模性。在美好生活愿景下,传统养老思维下的养教分离模式被逐渐打破,融合养老机构和教育机构的服务范围,将有效提高老年人的生活质量,促进身心健康。通过建立养老机构与老年教育机构的联系与合作,兼顾养老机构自主办学和老年教育机构独立办学的优点,避免其各自办学的不足;通过嫁接课程、注入管理等合作办学方式,联合普通高校、社区学院、其他教育机构或养老机构共同开展老年健康教育。运用市场调节机制优化资源配置,实现资源互通、优势互补,进一步产生协同效应及规模效应,扩大老年健康教育覆盖面。

强化数字技术的支撑性作用,丰富教育供给的多元性。信息化时代,数字化技术带来的超时空便利,让直观、便捷的在线教学模式成为可能。构建更高效、全面的"互联网+"教育,通过整合各类线上教育平台资源,搭建老年智慧教育平台,并依托智能化的全网联库搜索、信息服务推送、个人学习档案、用户行为分析等功能，形成优质化、个性化、精准化的健康教育资源服务体系；通过覆盖有线电视、无线广播等日常生活场景，打造老年人专属全媒体教育形式，形成跨网络、跨终端、跨平台的学习环境；通过设置健康教育、数据收集、健康指导等多种功能，利用数据的交互连接、个性化的界面设置、容易理解的层级结构、合理的警示提醒以及故事性的场景塑造、直观化的模拟展示，开发专属健康软件，为老年人提供全方位、即时性的"菜单式"服务。同时，通过不断丰富教育终端的应用场景，提供虚拟与现实融合的互动体验，为老年人创建学习、就医、运动等各种健康类数字化生活模拟场景，提升学习代入感，让老年人更加易于、乐于接受健康知识，进而改变自身行为，促进健康。

（三）创新教育方式　适宜有效

随着人们精神生活需求的增加，老年人对健康教育高品质的期盼也愈发强烈。鉴于目前老年健康教育呈现的潜在需求量大、多样性强、学习动力不足、效果不佳等特点，以及老年人文化程度不同、职业习惯有别，长期形成的思维方式和学习习惯难以改变，且学习、理解、操作等能力均有所衰退的现实情况，传统讲授式的教育难以契合老年教育需求。因此，基于教育基本规律，充分关注老年人的身心状况与学习诉求，采用以人为本、因材施教的教育思路，满足多样化的学习需求，是积极转变及创新健康教育方式的基本要求。

兼顾个体需求差异，实现健康教育多样性。基于老年人个体差异产生的多样化需求，应采取群体教育与个体教育相结合、生理健康与心理健康教育相结合、普通教育与特殊健康教育相结合等方式，积极应对多样化健康教育需求的挑战。针对老年人普遍存在的共性问题,如健康素养低、社会适应性差等,可开展群体健康教育,例如,通过电视、广播、报纸、杂志、宣传栏等传播媒介,以老年人感兴趣的形式,对老年相关健康知识、保健知识进行传播,或通过在老年社区活动中心、居家养老服务驿站或老年大学等场所,为老年人举办目的明确、内容科学通俗、针对性强的专题讲座,让老年人广泛吸取健康知识。针对行动不便的高龄老人或身患疾病的失能失智等特殊老年群体,可以组织开展点对面交谈式教育或上门示范性教育。例如,通过一对一或小组面对面谈话的形式,有针对性地了解老年人面临的健康问题,进行特定的心理疏导或行为指导;还可以由医护人员针对特殊的老年病人,上门开展示范性服务,通过近距离科学合理的示范,让老年人学习与疾病康复相关的技能、日常自我保健护理的技巧,以促进老年人康复①。促进生理健康与心理健康教育相结合,重视老年人作为生命体,追求人格尊严、生命质量提升的多样化诉求。养老机构在提供养老服务及传授基本健康知识的同时,可以面向不同年龄层次和类型的老年人,提供"升级版"个性教育服务。例如,针对低龄老年人,推行书院式养老,提供休闲娱乐型、学术型、生存技能型、生活艺能型系列课程,开展常规式教学;针对高龄老年人,为其提供养生保健、文化娱乐类课程;针对失智老年人,为其开展园艺治疗以及趣味游戏等活动,全方位促进身心健康②。在实现普通教育和特殊教育相结合上,通过打造适需多元的老年健康在线教育平台,汇聚各类数字化学习资源,运用"空中课堂"构建

① 张静.人口老龄化背景下老年健康教育的挑战及对策[J].中国老年学杂志,2019,39(23):5900-5904.

② 丁红玲,潘好婕.养教结合老年教育:价值意义与推进模式展望[J].高等继续教育报,2020,33(4):46-51.

"线上线下、互联互通"的老年教育资源服务体系，为老年群体提供丰富、可选择的学习内容，进一步促成高品质老年教育所关注的多样化与个体化、均衡化与优质化。

关注群体身心状况，提升健康教育适宜性。老年健康教育的方式要"接地气"，从老年人的切身利益出发，考虑老年人的身心状况及实际需求，运用老年人易理解、易接受的方法，以更好地达到健康教育目的。例如，组织集体活动、举办专题讲座前，工作人员应对参与人员进行身体状况基础调查，掌握共性问题，以加强教学的针对性；教育内容应该去专业化，用大众化、形象化、简单化的方式，由浅入深地开展教学，使老年人在不知不觉中接纳新兴事物，更新观念；在利用大众传媒等手段进行健康教育时，视听媒体应适当放缓节奏，纸质媒体或网络媒体要尽量采用较大的字体，便于老年人阅读；在引入数字化教育平台或学习产品时，应根据老年人的心理和思维方式，进一步简化操作流程，采用更加适老化的设计，降低使用门槛，帮助其跨越"数字鸿沟"，直观示范教学内容，激发老年群体网络学习的兴趣和效果。同时，针对互联网平台的虚假宣传、信息泄露、网络诈骗问题，相关部门应加大监管力度，提高监管效能，形成多部门合力，着力保护老年人信息安全，提升其对网络平台及智能产品的信任感，提高网络教育的覆盖力及影响力。

着眼生活实践效果，增强健康教育有效性。健康教育过程中应将"认知与身体的交互"作为学习健康知识的最终目的，将概念的认知和理解投入生活实践，使实用技能得到有效提升，做到学以致用。通过将教育内容进行"适老化"改造、直观化演示，定期根据各类知识制订健康计划、实行健康打卡，或组建老年学习共同体进行"抱团"学习，并结合效果排名、发放奖品等相关激励措施,不仅能促进健康常识的学练结合,让老年人能亲身实践、亲眼见证自己的健康状况变化,将健康知识真正在生活中落实,还可以排解孤独,消解自卑感、失落感、无"家"可归感和无意义感,增强老年人的自信心和集体荣誉感,改变老年人的精神面貌[①],富足精神生活。

二、生命科学　减轻病痛

随着养老观念的不断更新,人们对于生命质量的要求越来越高。我国已经接近中度老龄化社会,为更大程度地避免老年人深受疾病折磨,减轻患病老人病痛,随着经济的发展,我国必然会加大生命科学研究投入,大力发展生命科学,并合理运用相关科技手段及互联网技术,更加便捷地为老年人提供疾病前的监测预警、患病后的康复护理以及生命终末期的安宁疗护,以帮助老年人进一步提高生活质量,更加安全、安心地度过晚年。

(一)加强预警监测　早防早治

随着老年人年龄增长,身体抵抗力下降,身体机能逐渐退化,多数老年人都深受老年病、慢性病的困扰。因此,事前对老年人身体健康状况进行检测及管理,以便尽早发现、尽早治疗,就显得尤为重要。

我国在加强衰老机制、老年慢性病和多病共治诊疗技术、老年康复护理技术、老年功能维护技术等应用性研究,提升老年重大疾病防治水平的

---

① 丁红玲,潘妤婕.养教结合老年教育:价值意义与推进模式展望[J].高等继续教育学报,2020,33(4):46-51.

同时，通过设立老龄健康科技专项科研计划，有助于鼓励不同优势学科联合创新，集中不同学科的优势力量，实现科研和关键技术攻关，例如，推动AI技术和大数据技术在心血管疾病防治、精准医学在慢性病防控、基因检测技术在重症感染性疾病防治、基因疗法治疗遗传性疾病、AI技术应用于脑疾病成像分析等领域新技术新方法应用，加强早筛技术和仪器设备的研制开发。除此之外，实施科技重大专项，支持研发促进延缓大脑早衰的教玩具、老人运动锻炼方法及器具，以及适宜居家、小型、可穿戴的老年健康监测、支持技术和设备，推进现有产品的品质升级，有助于实现事前监测预警，科学管理老年人的健康状况，进一步加强老年人的健康生活保障。

应用基因检测技术，可以评估患病风险，从而帮助老年人乃至更多人群尽早发现健康隐患，实现精准诊疗。例如，浙江医院通过和华大基因检测机构的合作，成立浙江医院—华大基因浙江省老年病诊治转化医学中心，共建浙江医院—华大基因联合实验室，立足各自资源与技术优势，聚焦于老年疾病和慢性病动态监测、基因检测和药物基因组学研究，开展常见老年病，包括心脑血管疾病、糖尿病、肿瘤、感染性疾病和代谢性疾病等的基因检测，以实现精准预防、诊断、治疗。通过推广类似的转化医学中心模式，让联合实验室成为全国领先的科研转化和临床诊疗平台，发挥其在筹建老年病慢性病样本分库、推进糖尿病、高血压、骨质疏松等慢性疾病及人体衰老的多组学研究、开展老年病基因检测、个体化诊疗及健康管理、实现精准医疗的临床转化应用等方面的重要作用，进一步实践以基因组学为指导、多学科融合创新的医疗模式，为老年人的疾病预防与健康生活保驾护航。

（二）完善康复护理　促进恢复

建立覆盖老年人群疾病急性期、慢性期、康复期、长期照护期、生命终末期的护理服务体系，为老年患者提供早期、系统、专业、连续的康复医疗服务，促进老年患者功能恢复，并立足"主动健康"，采用综合康复护理策略，通过引进互联网技术，普及高科技护理产品，进一步完善以居家为基础、社区为依托、机构为支撑的老年护理服务网络，对于最大限度保存并恢复老年人生活自理能力，树立生活的信心，减轻疾病、失能、衰老所带来的痛苦和伤害，具有十分重要的作用和意义。

健全基于"互联网＋"的5E康复护理模式。5E康复护理是指对老年人进行教育（Education）、鼓励（Encouragement）、锻炼（Exercise）、评估（Evaluation）、工作（Employment）全方位的康复护理。近年来，5E康复护理在我国得到广泛发展，护理人员利用微信公众号、小程序等平台，不但可更加方便、快捷地对老年人进行康复护理干预与教育，而且能对老年人的康复状况进行动态评估与记录，协助医生调整康复计划。这种护理模式加快了老年人康复状况在医疗机构与养老机构中的信息流动速度[1]。因此，充分发挥"互联网＋"优势，建立系统的智能养老服务平台、健全监督管理评估系统，依托信息集中的服务平台，保证各系统信息的一致性，更有利于基于"互联网＋"的康复护理工作的开展。

引入高端医疗器械产品及康复技术。如今，以"大数据、移动医疗、云计算、智能机器人、数字影像"等前沿技术领域为先导的相关医疗产业，正

---

① 刘倩汝,王梦娜,耿力.我国医养结合养老背景下老年康复护理模式研究进展[J].护理学杂志,2022,37（5）:20-23.

以十分强劲的力量,推动社会经济的发展。随着科技智能化的发展,具备助残行走、康复治疗功能的可穿戴外骨骼机器人,将逐渐成为刚需,其将人类智能与外部辅助机械动力装置结合,融入先进的控制、通信、信息等技术的人机电系统,为使用者提供外部保护、身体支撑,乃至额外的动力支持等功能,实现人与机器的有机结合,帮助老年人进行日常康复。除此之外,引入以可穿戴式生理信息和设备信息采集、5G 传输、云平台、大数据和人工智能分析为特征的穿戴式 + 虚拟环境康复技术,实现医院—家庭/个人的无缝连接,促使居家康复和机构康复有机整合,形成康复功能评定—方案制定—任务分配—疗效评定—方案再调整的自动反馈闭环,打造出一套智能康复体系,可以帮助更多老年人进行康复治疗。通过将柔性感知结构、VR/AR 和新型传感器等技术,及相关高科技产品引进到康复治疗领域,在有效替代康复治疗医师机械重复操作的同时,也使康复方式向更加智能化、个性化和精细化的方向发展,可更好地为老年人康复护理提供定制化服务。

【案例 8-1】 "全方位 一站式"康复医护服务体系
为患者带来"生命之光"

"彩虹鱼康复护理"是中国康复护理行业集医、教、研于一体的医护服务机构,依托其所拥有的杭州彩虹鱼康复护理院(医疗服务机构)、杭州彩虹鱼康养护理站(社区)、彩虹鱼康复护理学院(医学教育机构)和彩虹鱼研究院,共同为患者提供康复护理"全方位、一站式"的服务。

病人老赵,64 岁,从十几米的楼上摔下来,脊椎胸 12 椎体暴压缩性骨折,脊髓损伤合并全身肋骨、肩等多处骨折,主动脉撕裂,手术后家属曾以为他再也站不起来了。2016 年 11 月 4 日,老赵进入彩虹鱼做术后康复，双下肢瘫痪，大小便不能排出，更棘手的是他有主动脉夹层，这是一个异常凶险的疾病，好比他揣着一枚炸弹来做康复，运动一旦过量就会引爆炸弹，老赵的康复似在刀尖上跳舞。

为了给老赵出一套完整的康复方案，彩虹鱼技术团队调研了患者所有的家庭和生活背景、既往疾病史和平日饮食习惯，根据患者术前到术后全程身体指标，进行评估监测。对老赵这样的病例，彩虹鱼出动了由康复医生、物理治疗师、作业治疗师、言语治疗师、心理医生、临床药学、临床营养等多岗位组成的全科队伍，开展康复治疗。住院10天后老赵便能够站立但不够稳，接着训练脚趾抓地能力和臀部肌肉力量，尝试在少量辅助下起立。之后通过反重力跑台上做步态和步行耐力训练，在作业治疗师的监护下，住院第35天可达到双手拄拐和病友外出打球。紧接着，作业治疗师对老赵加强抗阻力下躯干控制训练，佩戴踝足支具步行，为了让他能更好地适应出院后的生活，在住院第48天开始让老赵除去胸部护具，在治疗师陪同下到医院周边的社区步行，进行上下台阶、斜坡步行实景训练。通过住院1个月26天的康复治疗，老赵在平衡性、灵活性、稳定性上基本接近正常，并顺利通过了彩虹鱼对患者制定的各项功能性测试，精神地出院。出院两周后老赵回来彩虹鱼医院复查，基本可以扔掉拐杖轻松自如地起坐行走。回到家乡，走在熟悉的小路上，老赵经常感叹意外带来的霉运，差点让自己半辈子躺在床上变成废人，很庆幸自己没有放弃来康复治疗，彩虹鱼让发生意外的自己重获了新生，能生活自理还能干简单的农活，给家里减轻了各种经济和精神上的负担。

彩虹鱼"全方位 一站式"的康复护理体系，将功能恢复作为康复目标,通过引进高水平的专业团队,多学科合作,运用综合性治疗手段及个性化治疗方案,在住院期间24小时康复、心理、营养、睡眠、疼痛、跌倒风险、DVT、日常生活行为能力、病人及家属教育等全面管理,帮助患者有能力做到有质量、有尊严、独立地生活,以尽早重返家庭、重返社会、重返工作。

（资料来源:邢以群主编:《医疗健康产业创新实践案例集(第一辑)》,浙江大学出版社2020年版）

（三）发展安宁疗护　祥和离世

安宁疗护,是一种针对终末期病人的缓解性与支持性的医疗护理方式,以病人的需求为主体,以提高老年人和疾病终末期患者生命质量为目的,为临终病人及其家属提供的一种全人、全家、全程和全队的照护。安宁疗护,分为病房里的安宁疗护和居家照护安宁疗护。安宁疗护团队成员包括主治医师、护理师、精神科医师、音乐治疗师、社工师、灵性关怀师等,通过多学科协作团队性的工作,从各个方面专业地评估患者目前的病情、危险因素以及家属的灵性需求等。目前,我国台湾地区安宁疗护的发展较为成熟,大陆安宁疗护起步较晚,正处于初级探索阶段,个别发达省会城市采用依托社区卫生服务中心全科医生团队和家庭病床服务,建立肿瘤条线、家庭病床、安宁门诊、机构病房"四位一体"的工作模式,同时利用家庭病床、社区居家安宁病床、机构安宁病床构成"三床联动"的工作机制,为临终患者提供连续性的居家安宁疗护服务[①]。

[①]　袁鹏斌,陈诗磊,林晓琪,刘诗琪."互联网＋"模式下安宁疗护服务研究进展［J］.全科护理,2021,19(2):206-208.

　　随着互联网技术发展的深入，"互联网＋安宁疗护"是顺应社会发展需求的必然选择，也是护理服务升级、互联网医疗模式创新的重要体现。按照"充分知情、自愿选择"原则，结合"互联网＋"技术，"互联网＋安宁疗护"可持续为疾病终末期的老年患者及其家属，提供疼痛及其他症状控制、舒适照护、心理支持和人文关怀等服务，温暖其生命的最后一程。

　　"互联网＋"症状监控与管理移动应用程序，通过将多种互联网信息技术应用到居家安宁疗护中，实现评估及控制相关症状。例如，家庭监控系统及手机移动应用程序的相互连接，便利远程症状监管。通过手机应用程序的高级症状管理系统，帮助居家老年临终病患监测及管理躯体症状，综合临床风险算法，根据报告的躯体症状发出分级警报，并提供相应处理意见[1]。另外，在针对老年人安宁疗护症状管理的应用程序中，设计医护人员端和使用者端，老年人或照护者进入使用者端进行症状评估、监测和报告，系统会自动将结果发送至医护人员端，并且实时配备医护人员，对症状加重或有新症状出现的老年人进行紧急处理[2]。

　　优化"互联网＋"健康信息支持服务平台。目前，我国一些地区使用的居家安宁疗护网络平台，以微信公众平台为主。部分医院安宁疗护科室、相关安宁疗护机构，通过创建微信公众平台，为老年人提供了生前预嘱与缓和医疗等一系列安宁疗护信息普及课程，以及如何照护疾病终末期老年患者的系列视频课程，给老年群体及其照护者以相关信息支持，但使用范围较小，实用效果甚微。未来，健康服务平台应着重优化服务功

---

①　郗兰馨,陈芷谦,郭巧红."互联网＋"在安宁疗护领域的应用进展[J].医学研究与教育,2021,38（4）:61-66.

②　刘梦雪,陈玉祥,马梦飞,尹燕雯,柳韦华."互联网＋"背景下居家安宁疗护的研究进展[J].护士进修杂志,2022,37（3）:228-231.

能,拓展服务边界,提升服务质量。例如,通过在服务平台中添加症状评估、症状处置建议、定时提醒、生命体征监测、病例浏览、联络医护人员、用户讨论、志愿活动、医疗资源整合等功能,实现老年人在完成症状评估后,平台能依据评估结果自动提供适当的处理方式;并自动提醒患者照看者用药时间,提供相关药品功能查询,或提醒照护者执行评估、服止痛药、翻身等定期照护动作①。

提供"互联网+"心理情感支持渠道。生命末期患者往往面临巨大的心理压力与负性情绪,帮助老年人自身及家庭成员,以平稳的心态面对疾病和死亡,是安宁疗护的重要内容。互联网平台能够在一定程度上弥补线下服务的不足,为临终老年人及其家庭照护者,提供情感支持。例如,通过建立非开放性网络照顾者社会支持小组,由专业人员组织临终老年群体的照护者们讨论和分享照护经验和故事,帮助照护者们在非面对面形式的交流中,得到情感支持、信息支持以及自我表述的机会,给予他们必要的心理社会支持,或将 VR 技术与 5G 通信技术相结合,开发相应软件,打造冥想、模拟旅行等各种身临其境的虚拟场景,通过沉浸式体验,来缓解老年患者的慢性疼痛和焦虑情绪,帮助其保持稳定的心理状态。

三、科技辅具　省心省力

老年科技辅具是指能够运用科技手段帮助功能障碍老年人补偿代偿功能、改善状况、辅助独立的产品,包括自我辅助类和护理辅助类,是康复

---

① 郗兰馨,陈芷谦,郭巧红."互联网+"在安宁疗护领域的应用进展[J].医学研究与教育,2021,38(4):61-66.

辅助器具的重要组成部分。其中,自我辅助类辅具主要用于帮助老年人在日常生活中克服各类障碍,维持正常生活,保证生活质量。例如,通过机器人辅助喂食系统、主动稳定型辅助进食装置,老年人可以在没有照护人员的帮助下实现自主进食;通过智能适老轮椅,可以让失能老年人进行体位变换和自由移动等。护理辅助类主要用于补偿照护者照护能力,减轻照护负担,提高照护效率。例如,装有排便检测装置的适老护理床,能自动识别失能老年人的排便需求,并辅助排便;通过运用翻身棒,能减轻护理人员帮助老年人翻身的困难等。

在深度老龄化社会背景下,这样的科技养老辅具将越来越受到广大老年群体的关注。但是,我国当前养老辅具产业发展,与社会总体需求,仍然存在较大的差距。为了让更多老年人能全面了解辅具,真正感受到辅具给生活带来的便利,辅具行业应从生产、销售、服务等各个环节推动创新,通过打造更人性化的实用性科技辅具,普及辅具知识,便利辅具购买,优化适用环境,让科技辅具更好、更快、更全面地走进老年群体的日常生活,在补偿、提升护理者护理能力的同时,改善和代偿失能失智老年人功能障碍,满足其基本生活需要,从而重拾生活能力,维护自身尊严。

(一)推动研发创新　适用好用

由于养老辅具的服务对象大都是高龄或部分失能、失智或有认知症功能障碍的老年人,与正常人相比,他们在心理、生理、情感等方面,都具有明显的群体特殊性和个体差异性,且由于其自理能力有限,通常需要大量人力进行照护。因此,辅具的设计研发应更具包容性、易用性及安全性,充分关注老年使用者特征及其照护难题,聚焦使用场景,从增进老年福祉、注重用户体验及情感需求、减轻护理人员身心负担、提高护理工作效率等角度，通过对个人因素、环境因素、技术因素、活动因素等进行综合评估，优化辅具产品细节及功能设计，进一步凸显辅具的实用性、时代性、便利性及亲和性，增强老年人自身及照护人员使用体验，真正让老年人及其照护者省心省力。

在生活自理类辅具设计上，应在外在形态上实现功能与精神交互，在内在要求上实现安全与体验交互。外观设计方面，应遵循功能外化为外在形态的设计逻辑，将"平等、尊重、以人为本、易于操作"作为辅具设计的重要理念，倡导简洁、含蓄、非特殊化的设计风格。在色彩应用方面，打破辅具冰冷的常态，通过广泛采用让人感觉温暖的暖色调，在科学性基础上彰显更多人文关怀。在交互识别方面，应秉持问题导向原则，将信息进行有目的地提取和强化，将操作顺序与方式简单明了地加以标示并尽量简化操作步骤，让老年人易学易用。例如，智能适老轮椅是在电动轮椅的基础上，有机融入无线传感、智能控制、自主导航、避障识别、语音提示等技术，通过传感器采集人体各类生理信号，如语音信息、头部姿态、手部运动、面部表情、脑电、肌电、眼电信号等，并采用信号和图像处理技术对其进行解析加工，从中获取并识别代表特定指令动作的信息[1]，在一定程度上实现失能失智老人的独自行动和生活自理要求。针对不同障碍类型的老年使用者，通过应用产品语义学、符号学、语音学及材料学等方面知识，进行智能化设计创新，逐步使辅具产品在视觉、听觉、触觉、味觉、嗅觉等

---

① 平燕汝,李雪,许虹. 智能适老辅具在失能老年人照护中的应用进展[J]. 全科护理,2021,30 (19):4217-4220.

方面更加具备沟通性,促进信息与情感无障碍交流①,增强关怀性、应用性与普及性。除此之外,安全性是辅具不可或缺的内在属性,是老年人身心健康的首要保证。要通过从功能安全、结构安全、操作与使用安全、形态安全、人机交互安全、心理安全等不同角度,将传统的工业安全理论与工业设计、人机工程学等相结合,从内而外,从整体到局部,对辅具进行安全保障设计,消除一切潜在安全隐患②。

在生活护理类辅具设计上,应在结构合理、产品安全的前提下,做到功能性与易用性、引导性与便捷性、协调性与智能性的统一,最大程度缓解护理人员照护负担,减少照护过程中可能给身体造成的压力或伤害。外观设计上,应聚焦使用场景及核心功能,通过合适的材质选择及结合人体工程学的设计理念,用设计及制造的复杂性以及极强的场景针对性,代替操作复杂性。功能设计上,应在方便照护者使用、减轻其负担的同时,尽可能正向引导老年人发挥自身功能。除此之外,应积极利用科技手段解决照护难题,通过研发各类功能及不同使用场景下的智能机器人,进行全程、全自动的看护及问题处理,实现老年人部分自理及照护人员远程照顾,大幅度降低照护工作量,提高护理效率。例如,女士版辅助转移车作为一种转移辅助器具,可以方便护理人员将下肢障碍的失能老人,由椅中到床上来回转移,因其贴合人体曲线的弧形造型设计以及柔软的皮革选材,能有效降低失能老人在转移过程中的不适感,同时避免护理人员照护过程中因过度用力导致背部受伤害。

---

① 赵彦军,李剑,苏鹏,马俪芳.我国康复辅具创新设计与展望[J].包装工程,2020,41(8):14-22.

② 李剑,李辉,李立峰,刘雪.康复辅具安全设计探析[J].包装工程,2012,33(6):65-68.

（二）畅通销售渠道　方便购买

在快速进入老龄化社会的过程中，老年人对于养老辅具的潜在需求迅速增长。但是，由于辅具信息普及有限及辅具行业营销理念等方面影响，目前，养老辅具虽然产品众多，但有效需求量低、优质的市场供给渠道存在障碍，导致产销不旺、使用量少。因此，通过知识宣传、产品体验等方式，让老年人充分了解辅具；通过正确的营销策略，让老年人方便购买辅具，是畅通销售渠道、激发市场需求潜力的重要方式。

整合信息、丰富体验，普及辅具知识。随着科技进步，辅助器具的种类越来越多，功能越来越强大。将信息与知识及时整合，让潜在消费者（老年人及其家人）能全方位了解辅具行业发展现状及各类辅具信息，已然成为辅具营销的重要内容之一。为此，国家康复辅具研究中心应进行多方整合，通过打造国家辅具资源信息库，加大科普宣传力度；各辅具厂商应从服务模式、适配能力、售后保障等多角度，提升大众对于辅具行业的知晓水平及产品信任度。可通过在老年人聚集的社区或老年人网络社区，以短视频等方式进行产品功能讲解，在老年人活动中心或乡镇（街道）养老服务中心等老年人聚集的场所，提供产品即时体验，使使用群体对产品有了解，对质量有信心，从而更加愿意尝试、敢于尝试养老辅具。

重视和加强辅具使用培训。当子女发现家中老年人腿脚行走不稳时，都会想到给老人买一根拐杖以帮助行走。但老人拿到拐杖比画两下后，就基本上不再用。当子女询问为什么不用拐杖时，老人的回答是不好用。子女也不知道为什么拐杖会不好用，就自以为是地认为是老人固执不想用。而事实上，是老人真的发现用了拐杖后，自己都不知道应该怎么走路了,所以不愿意用。当习惯于用两条腿走路的人,突然改为"三只脚"走路时,不仅需要有一个习惯的过程,而且还需要有一个正确使用的学习过程。绝大多数子女和生产企业都没有意识到这类问题,而老人自己也说不清楚自己为什么用了拐杖后觉得走路更别扭,导致很多老人尽管走路不稳且拥有多副拐杖、却仍然不用拐杖。所以,辅具销售企业要认识到除了老年鞋之类不需要改变老人习惯的产品外,绝大多数辅具,只要涉及习惯的改变,哪怕简单如拐杖,都需要有适当的使用培训。

结合线下线上渠道,便利购买。现代消费者越来越重视购物的便利性,老年辅具由于使用对象的特殊性,就更是如此。购买的便利性,是老年人在消费过程中考量的重要因素之一。因此,线下销售可通过在老年消费群体集中的社区或社区养老服务机构内,以布局辅具展示店的形式,进行辅具销售及相关试用讲解,不仅能方便老年群体购买,也容易形成口碑宣传效应,获取更多购买意向。除此之外,可巧妙合理地利用线上网络营销,通过搭建线上零售运营部门,运用淘宝直播等新颖方式,利用其产品信息传播速度快、销售便捷、物流快速、售价较低等特性,满足不同类型老年人的消费心理与需求,扩大销售覆盖范围。

(三)改善服务环境　可用能用

优质的服务网络,是提高辅具普及率的重要保障。企业应从辅具评估适配、应用环境打造以及发展租赁服务等方面,不断提高辅具服务质量。通过便利的评估适配方式,让更多老年人获配适宜辅具;通过适老化环境改造及智能化使用环境打造,让更多老年人能够使用辅具;通过发展"家门口"的租赁服务,让更多老年人用得起辅具,助力辅具更全面地赋能养老服务。

整合适配服务资源，增强功能发挥。良好的匹配性是辅具功能得以发挥的前提。在销售辅具时，需要对失能、失智、认知症老年人潜存功能、使用环境或护理人员操作的能力进行评估，并设计相应的适配评估方案与使用训练方案，以达到辅具使用的最佳效果。在日本，销售辅具有专门的适配评估人员负责进行适配评估。我国企业应充分整合主体多元的辅具适配服务资源，形成中心化的服务网络，不断探索更加简便准确的辅具适配评估模式，使适配对象的筛选更加准确，评估方案更加合理。除此之外，充分借力信息技术、计算机技术等新兴技术，通过人体数据扫描、生物力学一体化设计、3D 打印等系列流程，实现快速且因人而异地定制辅具①，将医学与人体工程学等专业学科相结合，逐步实现互联网远程评估与适配，提高辅具适配度与服务效率。

改造辅具使用环境，提供应用基础。适老空间环境设计，决定着养老辅具能否得到有效的应用，因此适老环境设计与改造显得十分重要。在对老年人身体状况进行评估的过程中，应将环境障碍与功能障碍进行有机结合，对有需要的老年人，提供后续适老化改造等更加系统、连续的服务。例如在室内使用轮椅，需要对室内的地面进行平整、对房门进行改造、对室内的家具布局等进行调整。而智能辅具产品功能的实现，则需要依赖物联网和互联网技术支撑。为打造匹配的智能辅具使用环境，应加快人工智能、虚拟现实等新技术在养老服务领域的集成应用，利用计算机模拟创建虚拟环境，给老年人提供视觉、听觉等感官模拟，更好地发挥其

---

① 赵彦军,李剑,苏鹏,马俪芳.我国康复辅具创新设计与展望[J].包装工程,2020,41(8):14-22.

对失能、失智、认知症老年人环境功能障碍的补偿、代偿作用。

发展辅具租赁服务,降低使用成本。由于辅具的适配存在个性化调整部分,随着老年人身体机能的改变,所适用的辅具存在较强的阶段性。大量可重复使用的辅具产品,因迭代和交替容易造成资源浪费,且目前高端科技辅具过分依赖进口,价格昂贵,而我国大部分的老年家庭,因受勤俭养老观念的影响或经济条件等原因,无法独立承担大件养老辅具如护理床之类产品的高昂价格。因此,在辅具市场前景广阔但发展有限的现实背景下,智能辅具的广泛应用,离不开租赁市场的有力支撑。养老辅具租赁服务,应以"规范化、模块化、信息化"为指导原则,分阶段采取一系列有效措施,有序推动租赁服务发展。例如,通过制定辅具租赁行业及人员法律规章、完善租赁服务流程,以及规范辅具租赁标准,来加快法规和标准创制;通过构建各类商业保险与个人支付相结合的支付方式,来加强多元支付体系建设;通过增加宣传,扩大租赁规模,个性化差异服务,管理洗消、维护、配送环节,来创新租赁服务模式;通过扩大辅具技术咨询师的知识结构与范围,培育及扩大技术咨询师队伍;通过充分应用互联网技术,不断完善辅具租赁服务信息系统,发展智慧租赁服务。

四、数据互联　智慧助老

随着生活水平的提高和社会养老服务的发展,不但老年人的养老需求日趋多样化,而且由于资源分散、信息杂乱或模糊等问题的存在,养老服务机构无法精准定位服务人群及提供相关服务,老年人及家庭也难以获取准确可靠的服务信息,使养老服务需求无法得到有效释放,更无法直接捕捉。在办理政务事项上,办事地点太远、所需材料复杂、自助设备不会使用等各类状况,也让老年人办理公共服务困难重重。

基于此,我国可着力推进智慧养老服务应用,像浙江省一样,打造一站式的"浙里养"服务平台,通过一组数据、一部手机、一张地图、一个平台,解决养老服务数据资源共享不充分、政务事项办理困难、供需双方信息不对称、养老服务监管难等问题,实现多部门数据交互共享、政务事项"一站式"办理、养老资源"可视化"展示以及服务质量全程数字化监管,保障养老服务"由有向好""由泛到准"发展,使为老服务更趋便捷化、个性化、精准化。

（一）打通数据壁垒 一"云"汇集

数据信息是服务开展的"指南针",数据质量是服务精准的"生命线"。为加快建立高质量、现代化的智慧养老服务体系,全面提高养老服务水平,应更加积极地推进老龄工作数字化改革,坚持整体智治、系统集成,推动各有关部门涉及老年人的信息,分类分级互联共享、动态更新,推进跨部门信息共享大数据云平台建设,加强涉老数据、信息的汇集整合和发掘利用。

在广泛汇集数据上,应利用更先进的技术手段、更科学的管理方式,在原有公共服务平台数据基础上,通过对数据库涵盖要求、实现功能、数据协同方式及数据共享清单的梳理,探索建立地方"养老云"数据库。

在涵盖范围及实现功能上,"养老云"数据库需包括涉及养老的各种基础数据、动态数据、监管数据。例如,通过省公共数据平台和有关部门的信息系统,自动收集、核实、标记涉老数据,形成老服务机构专用数据库、入驻机构老人专用数据库、享受补贴老人专用数据库和养老从业人员专用数据库等,并通过对数据实时调用与比对,实现各类表单数据的智能填充、实时验证和综合分析,确保数据收集实时化、动态化、精准化。

在数据协同方式上,应围绕老年人的全生命周期、养老服务机构的全营业周期、养老从业人员的全职业周期,分别建立老年人、市场主体和从业人员主题数据仓,通过省级公共数据平台等,实现发改、公安、人社、卫健、医保、残联、法院、电力、供水、军人事务、综治、应急、住建、市场监管、自然资源、生态环境、税务、广电、民政等相关部门数据共享,并按需推送各类数据信息,由平台进行数据采集、核实、标记、管理、分析和共享,协力建成基本覆盖市场主体、从业人员和全体老年人的数据库,形成积极应对人口老龄化全貌的数据。

在数字化改革的推动下,通过不断扩充、打通、融合全省各项老龄相关数据,完善智慧养老服务应用数据库,加快省级统一养老服务平台建设,可有效弥补养老服务的数字短板,引领养老服务"由有向好"的高质量发展。

(二)升级公共服务　一"台"通办

数字经济时代,公共服务领域的组织形态和服务方式也在不断变革、重塑。在面向老年群体的公务事项办理上,可基于大数据平台,利用人工智能、物联网、云计算、大数据等新一代信息技术,通过搭建政务服务子系统,进一步推动老年公共服务智慧化升级,打造面向个人、养老从业人员和政务人员的综合性养老服务场景,从根本上解决内外融合、上下贯通等政务事项办理难题,真正实现协同服务、便捷服务、智能服务。

通过整合相近服务项目,实现事项办理一网通。运用最便捷的方式、最优化的流程、最少量的审批,梳理形成政务、公共、公益和市场等四类服务。例如,以养老机构开业"一件事"、养老护理员职业生涯"一件事"、老年人全生命周期健康服务"一件事"、老年福利直通车等场景为抓手,实施跨部门多业务协同,实现"一门受理、协同办理",让用户"一个平台通办",并通过服务平台中的"幸福颐养"专区,实现养老服务一站式受理,自动或人工分发至相关功能模块,进行业务办理和服务,且全部实行可代办。

通过实施线上线下"养老助手",促进养老政策落地见效。服务平台可将各地养老政策和服务资源汇聚其中,老年人、养老服务机构、养老从业人员,只要进入平台并输入基本信息后,"养老助手"可在线上自动列出曾经享受的、正在享受的以及还可以申请享受的各类政策,提供符合其条件和需求的服务信息,线下转介相关服务。具体可包括养老金实时查询、护理补贴实时查询、高龄津贴无感发放、老年优待证居家自主打印、老年人能力评估全省通办等老年人常见事项。

(三)连接健康服务 一"键"直达

在信息社会系统联动性、需求多元化等特征日趋明显的背景下,无论是识别养老需求还是为老年人精准提供服务,都将日渐依赖于智慧养老服务平台。通过将养老服务需求、资源供给、服务渠道等信息转至线上,重构政府、市场、社会组织在养老服务中的合作形式,形成集养老、医疗、社区服务等于一体的资源集合,为老年人提供基础服务、医疗保健、健康护理、动态监测、娱乐学习等多项服务,实现不同服务项目间的互联互通,融合发展①,弥补传统养老服务内容单一和项目空缺的不足。

在养老服务供需匹配上,通过构建"养老地图"打造"多点供给""多线响应""多方联动"的老年人养老服务管理模式。利用3D、AR等技术,将养老服务机构、护理院、老年大学、老年活动中心等服务资源,在"养老地图"上进行立体化展示,方便老百姓在家找机构、在家看机构、在家预约机构,实现老年人一"图"在手,对身边可及的养老服务资源一"览"无余,并可通过一"键"下单,让各种高频服务从眼前到手边,从根本上减轻老年人服务寻找困难。

在智慧场景服务方式上,通过技术创新,使用"卡码脸话键"等手段,消除老年人智慧服务的使用障碍。以实体卡、老人码、刷脸、智慧语音为主,构建智能化应用场景,同时保留电话、按键等传统手段。在养老机构,赋予床位唯一二维码,绑定入住老人码,实施一床一码一人,精细化管理,精准化补助,准确展示轮候信息;在社区养老服务中心,实施人脸识别服务,实现各事项一"脸"通办;在居家养老服务中,保留传统的话音、按键等设备,运用5G、数字视频等技术,构建服务场景,实行居家上门服务实时监管。

在居家养老安全管理上,通过运用大数据、人工智能、物联网等关键技术,加快相关智能监测产品研发,构建老年人居家生活"安全网"。通过安装各类门吸、冰箱贴、智能水电表、红外感应、生命监测等智能传感器,搭建适老化、无障碍的居家环境,并依托养老服务平台与各类预警机制,探索建立"智慧+安全"服务模式,主动为老年人的身心健康、居家安全等

---

① 汪静,王希.赋能与智治:数字经济背景下智慧养老服务的实践发展——基于扎根理论的分析[J].老龄科学研究,2021,9(11):1-13.

搭建起全方位保护屏障,实现老年人居家安全守护全服务链"无感化"管理。

在医养结合智慧转型上,通过鼓励互联网企业、养老机构及综合医院融合发展,打造老年人健康服务"生态圈"。大力支持大型互联网企业导入养老服务和老年健康服务,鼓励优质养老机构互联网平台化发展,倡导综合医院积极应用 5G 技术并与基层卫生服务机构结合,依托互联网技术,搭建"健康画像""健康云"等数据信息系统,共同打造全生命周期掌上医疗健康服务生态系统,为老年人群提供持续性、综合性的集医疗和养老于一体的一站式服务,同时满足老人心理、生理健康需求,更加深入地参与老年人智慧健康管理。

【案例 8-2】 数智赋能,居家助老
杭州推进"互联网＋养老"养老新实践

杭州市是国内较早进入人口老龄化的城市之一。截至 2020 年底,全市 60 岁及以上户籍老年人口 188.3 万人,占总人口的 23.13％,80 岁及以上高龄老人 29.42 万人,占老年人口的 15.62％;失能、半失能老人 11.03 万人,占老年人口的 5.86％,人口老龄化、高龄化、失能化、空巢化"四化叠加"趋势明显。

依托省民政厅"浙里养"平台建设规范体系,并依据《杭州市居家养老服务条例》相关要求,杭州市从顶层设计、整体谋划,到线上线下、服务融合,再到数字赋能、服务升级,形成了一套从"城市大脑"到"水表电表"的自上而下智慧养老总布局,全面实施"互联网＋养老"服务行动。

围绕数字化改革的总体要求,以便捷养老服务供需对接、提升养

老综合治理能力为导向,杭州市民政局搭建了涵盖"业务管理、公众服务、机构运营、支付结算、数据应用"等5大平台的"互联网＋养老"系统,17个项目列入全市民政系统数字化改革应用场景建设清单。

在养老政策的推送方面,汇集市县两级民政为老政策,电子"养老管家"推送"幸福清单",老人或家属可以手机端输入年龄、户籍等信息,实时匹配高龄津贴和养老服务补贴等政策待遇及办理渠道、办理材料等。以数据推送代替主动申请,实现高龄津贴发放一次都不用跑。

在养老补贴结算方面,杭州市在全国率先创设全市通用的养老服务电子津贴"重阳分",其中低保低边、重度失能老人每月可补贴1820元(最高标准),破解传统的政府购买养老服务"纸质券"结账弊端。"重阳分"打入老年人社保卡(市民卡)中的养老服务专户,老人可自主管理、自主消费,有效解决老年人户籍地与居住地不一致的跨区域服务。截至目前,全市累计发放重阳分4.52亿元,惠及29.5万老年人。

在养老服务资源网聚方面,"互联网＋养老"平台依托市民卡平台,建立养老服务商城,老年人及其家属可预约助洁、助浴、助行、助医和康复护理、辅具适配等服务,按需制定养老服务方案,定期上门个性化服务,老年人选择养老服务就像在"饿了么"点餐那么方便。目前已入驻为老服务商家311家,提供53项服务,9000余名互联网养老护理员随时在线接单,累计提供养老服务580余万单,日均1万单以上。

在养老服务资源展示方面,"互联网＋养老"平台实现了养老地图

VR导览功能。"养老地图"动态展示养老服务机构、护理院、老年大学、老年活动中心等机构,老人和家属可随时获悉机构简介、具体地址、联系方式、收费价格等,方便老百姓在家找机构、在家看机构、在家预约机构。尤其VR全景导览功能,手机点点即可查看养老机构内各空间设置、活动场地、户型布局,老年人足不出户就能对心仪的养老机构有更为直观的了解。

杭州的"互联网+养老",充分利用物联网、云计算、大数据、智能硬件等新一代信息技术产品,为老年人及家属提供高效便捷的服务,形成了养老服务高质量发展的"杭州样本"。

(资料来源:杭州市民政局供稿)

(四)强化监督管理 一"屏"总览

在养老服务监管方面深度应用数字技术之前,第三方服务内容单一、信息不真实、虚报或多报服务补贴,导致政府养老服务资金未充分发挥应有效益等问题时有发生。这与各地服务监管重评估轻监督、不习惯使用服务信息系统、信息系统中的数据未进行有效关联、数据信息不足等因素密切相关。在重评估结果轻过程监管的体制引导下,各地的服务监管及检查,大都以政府购买居家养老服务老人的满意度测评为重点,兼顾居家养老配套设施运营,或由各区民政局组织相关部门成立检查小组,进行不定期抽查为主,不仅催生了大量临时的"表面工作",也不利于养老服务质量的提升。

为解决各养老服务机构的服务质量难以把握、虚构服务次数套取政府养老资金、内部监督力度不足、养老服务市场秩序混乱等监督失灵问题,通过建立智慧养老监测系统,筑牢监管防线,可将浮于形式的服务监管逐渐落到实处。例如,2019年,杭州市"互联网＋养老"平台构建"养老服务综合监管"场景,通过数据充分共享,用"一张图"呈现全地区养老服务数据,主要包含对服务机构消防、食品、用药和服务质量的数字化监管,对居家养老服务过程、服务质量、服务评价的数字化监管,对居家养老服务设施的常态化运营监管,对养老专项资金的使用监管。并通过区块链技术,双链路自动校验,对养老机构安全巡逻、需求评估、所提供的服务,实施动态监管,对管理和服务过程中产生的数据资料,全部留痕。同时加强居家养老护理员的信用管理和养老机构等级评定和质量评价,实现了养老服务的可视化闭环监管,市民政局通过平台,可方便地对居家养老、机构养老、社区养老等各类养老服务进行综合监管和安全巡查。通过将以主观评估结果为主的监管方式,转变为实时动态的过程管理,信息透明度不断提高,养老服务的监管已不再是依据流于形式的考核评估结果,而是对服务的全过程、常态化的事实监督。

在如今数字赋能时代,为全面、合理运用监管数据信息,更好地推动养老服务数字化建设,打造数字话语体系,应树立"以数字说养老、以数字评绩效"的理念,以综合绩效评价为引导,检验养老服务体系成效,推动养老服务高质量发展。浙江省通过建成全省统一的养老服务监管平台,按照规定方式及评分标准,对各地的养老工作开展情况进行业务评定,并通过监管中心展示综合绩效指标,根据综合和单项分数,对各地政府进行排名,实时发布,并将其作为年度考核、评优和资金分配的依据,进一步推动了政府养老服务工作的开展。通过将综合绩效评价结果,以分数形式进行大屏展示并进行排名,可倒逼各地养老服务质量提升,促进一省养老服务你追我赶良性竞争格局的形成。

通过运用数智技术，不断创新养老服务监管方式，提高监管效率，落实监管责任，可持续优化养老服务业营商环境，持续提升养老服务质量，更好地满足人民群众日益增长的养老服务需求。